本书由上海海洋大学海洋文化研究中心资助出版，实际调研工作由上海海洋大学海洋经济研究中心和海洋文化研究中心联合资助。

银行金融、民间金融与隐性金融

——近海捕捞业中船东的融资行为

YinHang JinRong、MinJian JinRong Yu YinXing JinRong

—JinHai BuLaoYe Zhong ChuanDong De RongZi XingWei

周 剑 王晓静／著

中国财经出版传媒集团

经济科学出版社

Economic Science Press

图书在版编目（CIP）数据

银行金融、民间金融与隐性金融：近海捕捞业中船东的融资行为／周剑，王晓静著．—北京：经济科学出版社，2016.8

ISBN 978 - 7 - 5141 - 7168 - 6

Ⅰ.①银…　Ⅱ.①周…②王…　Ⅲ.①近海渔业 - 捕捞 - 融资 - 研究 - 中国　Ⅳ.①F326.4

中国版本图书馆 CIP 数据核字（2016）第 191298 号

责任编辑：段　钢
责任校对：王肖楠
责任印制：邱　天

银行金融、民间金融与隐性金融

——近海捕捞业中船东的融资行为

周　剑　王晓静　著

经济科学出版社出版、发行　新华书店经销

社址：北京市海淀区阜成路甲 28 号　邮编：100142

总编部电话：010 - 88191217　发行部电话：010 - 88191522

网址：www. esp. com. cn

电子邮件：esp@ esp. com. cn

天猫网店：经济科学出版社旗舰店

网址：http://jjkxcbs. tmall. com

北京万友印刷有限公司印装

710 × 1000　16 开　10.75 印张　210000 字

2016 年 9 月第 1 版　2016 年 9 月第 1 次印刷

ISBN 978 - 7 - 5141 - 7168 - 6　定价：48.00 元

前　言

　　上海海洋大学的前身是上海水产大学，学校自成立起，就致力于渔业与水产研究，经济管理学院的诸位同仁也是以渔业经济与管理研究为主要的研究方向。2008 年，学校更名为上海海洋大学，学科领域进行了拓展，海洋渔业受到了更多的关注。

　　尽管我们已经在海洋渔业领域研究了多年，但是渔业金融这一分支仍是研究的薄弱环节。一方面是相对于其他行业来说，渔业的投融资活动数额较少，关注的人不多；另一方面也许是因为传统渔业中有理论研究价值的金融实践和金额创新行为比较少。因此，我们选择以渔业金融为研究专题，实际上是选择了一个"冷门"的研究领域。

　　但是，我们在实际调查中也发现了一些很重要的金融创新现象，尤其是我们发现渔业活动中存在着隐藏在鱼货收购合约中的金融借贷和期权性质的条款，这是非常有意义的。这说明即便是通常大家认为文化程度不高、不懂金融的渔民，其实也在进行着复杂的金融创新活动。这个发现对于我们研究者来说是一个极大的鼓舞，它鼓励我们对经济实践活动进行深入的调查研究，去发现一个"真实的世界"，从真实发生的事情出发，运用经济学理论分析工具，为理论研究和经济实践做出贡献。

我们在这本书中展示了几个真实的渔业金融案例，展示的方式主要有提供基础材料、探讨式的逻辑分析、访谈录音、理论解释等。特别值得一提的是，我们提供了一段对渔民的访谈录音，这是比较少见的形式，我们希望通过这种形式，能够给人以更直观的感受，也希望更多的研究者可以提供一些这样的原始素材，以供同好者研究。

我们的实际调查主要由上海海洋大学海洋经济研究中心提供支持，本书的出版经费是由海洋文化研究中心资助的。在此，特别向海洋经济研究中心的张效莉教授、海洋文化研究中心的韩兴勇教授表示感谢。

本书第一、三、四章由王晓静撰写，第二、五、六章由周剑撰写，我们真诚地希望，这一不成熟的研究能够激发更多人的兴趣，让更多人关注海洋渔业的发展和研究。

周　剑　王晓静

2016 年 5 月 27 日

目　　录

第一章

近海捕捞业发展概述

第一节 国际海洋捕捞业发展概述

在过去的六十年里，全球水产品产量稳定增长，从 20 世纪 50 年代的 2 亿吨增长到 2012 年的将近 16 亿吨。食用水产品供应量年均增长 3.2%，超 1.6% 的世界人口增长率。世界人均水产品消费量从 60 年代的平均 9.9 千克增长到 2012 年的 19.2 千克。这其中捕捞业为渔业提供的水产品占重要地位。

一、全球海洋捕捞业产量概述

从 20 世纪 60 年代到 90 年代，世界捕捞渔业产量稳步增长。增长过程可分为三个阶段：上升流区和近岸渔业资源的开发带来 60 年代捕捞产量的增长；70 年代产量的增加是由于秘鲁鳀鱼资源开发的结果；浅海中上层鱼类的开发使 80 年代的捕捞产量继续保持缓慢增长势头。全球捕捞总产量在1996年达到最高值9380万吨，之后捕捞总量总体呈现下降趋势。在捕捞总产量中，海洋捕捞业所占比重由1980年的86.4%下降到2012年的50.5%，海洋捕捞总产量年均增长率由80年代的2.3%，下降到2012年的1.2%。海洋捕捞产量收缩的主要原因是过度捕捞问题和水产养殖业的发展。

自1980年以来，发达国家对海洋捕捞总产量的贡献率呈下降趋势，其所占份额由1980年的51.7%下降到2012年的15.2%，发达国家海洋捕捞总产量的年均增长率由20世纪80年代的0.3%下降到2012年的-1.1%。发展中国家对海洋捕捞总产量的贡献率从1980年的41.3%增加到2000年的51.1%，之后略有回落。最不发达国家的海洋捕捞总产量的年均增长率基本持平，维持在3%以上；其他发展中国家的海洋捕捞总产量的年均增长率由80年代的4.7%下降到2010年的-0.8%，2012年回升至1.9%。

根据最终数据，2011年全球捕捞总产量为9370万吨，是有史以来第二高产年，略低于1996年的9380万吨。此外，如不包括产量高度变化的秘鲁鳀鱼（Engraulisringens），2012年为新的高产年份（8660万吨）。2011年全球海洋捕捞产量为8260万吨，2012年为7970万吨（不包括秘鲁鳀鱼为7430万吨和7500万吨）。西北太平洋和中西部太平洋是最高产且产量依然在增加的区域，东南太平洋产量始终受气候波动的强烈影响。东北太平洋2012年总产量与2003年产量一致。印度洋捕捞量长期增长趋势在2012年得到保持。西印度洋捕捞受到海盗消极影响三年（2007~2009年）后，金枪鱼产量得到恢复。2011年和2012年，北大西洋地区以及地中海和黑海再次显示产量萎缩。西南大西洋和东南大西洋捕捞量近来得到恢复，如表1-1和表1-2所示。

2

表 1-1　　　　　世界捕捞产量（1980~2012 年）

年份	捕捞总产量（百万吨）					所占份额（%）					年均增长率（%）			
	1980	1990	2000	2010	2012	1980	1990	2000	2010	2012	1980~1990	1990~2000	2010	2012
全球渔业	71.9	97.7	125.9	148.1	158.0	100.0	100.0	100.0	100.0	100.0	3.1	2.6	1.6	3.3
全球捕捞业	67.2	84.7	93.5	89.1	91.3	93.5	86.6	74.3	60.1	57.8	2.3	1.0	-0.5	1.3
内陆捕捞业	5.1	6.4	8.6	11.3	11.6	7.1	6.6	6.8	7.6	7.4	2.4	2.9	2.8	1.6
海洋捕捞业	62.1	78.2	84.9	77.8	79.7	86.4	80.0	67.4	52.5	50.5	2.3	0.8	-0.9	1.2
发达国家	37.2	38.2	28.4	24.6	24.1	51.7	39.0	22.6	16.6	15.2	0.3	-2.9	-1.4	-1.1
发展中国家														
最不发达国家	2.8	3.8	5.2	9.1	9.8	3.8	3.9	4.1	6.2	6.2	3.2	3.3	5.8	3.8
其他	27	42.6	59.6	55.3	57.4	37.5	43.6	47.4	37.3	36.3	4.7	3.4	-0.8	1.9

表 1-2　　　　　近年世界捕捞产量（2007~2012 年）

年份	2007	2008	2009	2010	2011	2012
内陆捕捞产量（百万吨）	10.1	10.3	10.5	11.3	11.1	11.6
海洋捕捞产量（百万吨）	80.7	79.9	79.6	77.8	82.6	79.7
捕捞总产量（百万吨）	90.8	90.1	90.1	89.1	93.7	91.3

资料来源：联合国粮农组织网站数据整理。

二、海洋捕捞渔业：主要生产国

2011 年和 2012 年，一共有 18 个国家年捕捞产量平均超过 100 万吨。其产量总和占全球海洋捕捞量的 76%，这其中 11 个国家在亚洲。在过去的十年里，这 11 个亚洲国家中只有日本和泰国的产量下降（分别为 -22% 和 -39%），其余几个亚洲国家的海洋产量均有增加，其中一些亚洲国家出现了较快的十年增长，如缅甸增长 21%，越南增长 47%。日本和泰国捕捞产量下降的原因并不相同。

日本捕捞产量下降的原因是捕捞船队规模的缩小和海啸的影响。自
20 世纪 80 年代早期以来，日本就逐渐缩小了捕捞船队的规模，引
起其捕捞产量的下降。2011 年 3 月，日本东北沿海遭受自 1900 年
有记录以来世界上第五个强震导致的海啸袭击。随着渔船和基础设
施的毁坏，日本的总产量预计下降约 1/3。但与 2010 年比较，实
际下降约 7.0%，2012 年又下降 3.5%。泰国产量显著下降的原因
是过度捕捞使一些海洋资源衰退和泰国湾的环境退化，以及自
2008 年起泰国渔船停止在印度尼西亚水域的捕捞生产。从目前数
据看，西北太平洋（渔场编码 61）和中西部太平洋（渔场编码
71）是最高产区域，其 2012 年产量分别为 21461956 吨和 12078487
吨。并且其产量在 2003 ~ 2012 年还在增加，西北太平洋产量的增
长率是 8.0%，中西部太平洋产量的增长率是 11.5%，反映了亚洲
国家的广泛捕捞活动。

　　北大西洋区域和地中海以及黑海的产量下降似乎在 21 世纪头
十年开始时已经停止，但 2011 年和 2012 年的数据再次显示了下降
趋势。2003 ~ 2012 年，大西洋西北（渔场编码 21）和东北（渔场
编码 27）区域的捕捞量分别下降了 13.8% 和 21.1%。其主要原因
是欧洲国家海洋捕捞量的下降，如冰岛下降 27.0%，挪威下降
15.6%，如表 1 - 3 所示。

表 1 - 3　　　　　　海洋捕捞渔业的主要生产国

2012 年排名	国家	洲	产量（吨）			变化（%）	
			2003 年	2011 年	2012 年	2003 ~ 2012 年	2011 ~ 2012 年
1	中国	亚洲	12212188	13536409	13869604	13.6	2.4
2	印度尼西亚	亚洲	4275115	5332862	5420247	27.0	1.7

续表

2012 年排名	国家	洲	产量（吨）			变化（%）	
			2003 年	2011 年	2012 年	2003～2012 年	2011～2012 年
3	美国	美洲	4912627	5131087	5107559	4.0	-0.5
4	秘鲁	美洲	6053120	8211716	4807923	-20.6	-41.5
5	俄罗斯联邦	亚洲/欧洲	3090798	4005737	4068580	31.6	1.6
6	日本	亚洲	4626904	3741222	3611384	-21.9	-3.5
7	印度	亚洲	2954796	3250099	3402405	15.1	4.7
8	智利	美洲	3612048	3063467	2572881	-28.8	-16.0
9	越南	亚洲	1647133	2308200	2418700	46.8	4.8
10	缅甸	亚洲	1053720	2169820	2332790	121.4	7.5
11	挪威	欧洲	2548353	2281856	2149802	-15.6	-5.8
12	菲律宾	亚洲	2033325	2171327	2127046	4.6	-2.0
13	韩国	亚洲	1649061	1737870	1660165	0.7	-4.5
14	泰国	亚洲	2651223	1610418	1612037	-39.2	0.1
15	马来西亚	亚洲	1283256	1373105	1427239	14.7	7.2
16	墨西哥	美洲	1257699	1452970	1467790	16.7	1.0
17	冰岛	欧洲	1986314	1138274	1449452	-27.0	27.3
18	摩洛哥	非洲	916988	949881	1158474	26.3	22.0
18 个主要国家合计			58764668	63466320	60709384	3.3	-4.3
全球总计			79674875	82609926	79705910	0.0	-3.5
18 个主要国家所占份额（%）			73.8	76.8	76.2	—	—

资料来源：联合国粮农组织 2014 年世界渔业和水产养殖状况报告。

三、海洋渔业捕捞渔民

联合国粮农组织估算，2012 年有 5830 万人主要从事捕捞渔业和水产养殖业工作，其中37%为全职，23%为兼职，其余为临时性渔民或情况未明确。这其中约1890万人从事养殖（超过96%在亚洲），3940万人从事捕捞渔业。2012年，从事渔业工作的总人口中，84%在亚洲，其次是在非洲（超过10%）。

综观历史（1990~2012年），渔业领域就业增长快于世界人口增长以及传统农业领域的就业增长。2012年5830万捕捞和养殖渔民占世界上大农业领域经济上活跃的13亿人口的4.4%，1990年和2000年分别为2.7%和3.8%。但是，在渔业领域从事捕捞渔业的人口相对比例从1990年的83%总体下降到2012年的68%，而相应从事水产养殖业的人员从17%增加到32%。在全球层面，自1990年起，从事水产养殖业的人员年增长率高于从事捕捞渔业的人员。此趋势反映了捕捞渔业和水产养殖业产量的变化趋势。总体上，在资本密集型经济体，海洋捕捞业就业人数继续下降，特别是在多数欧洲国家、北美和日本。例如，1995~2012年，冰岛从事海洋捕捞业的人数下降30%，日本下降42%，挪威下降49%。其原因包括：采取减少船队、控制过度捕捞能力的政策；因技术发展和相关的效率增加减少对人力的依赖（见表1-4）。

表1-4　按时期列出的养殖渔民和捕捞渔民年均增长率比较　单位:%

年份	1990~1995	1995~2000	2000~2005	2005~2010
总人数	1.5	1.3	1.2	1.2
农业中经济活跃人数	0.8	0.6	0.6	0.5
捕捞渔民和养殖渔民	2.7	5.3	1.9	2.3
捕捞渔民	1.4	4.0	1.2	1.5
养殖渔民	8.6	9.4	3.7	4.1
捕捞产量	1.8	0.2	-0.2	-0.8
水产养殖产量	13.3	5.9	6.4	5.9

　　表1-5为全球和各区域的捕捞渔业和水产养殖业初级领域年人均生产能力。水产养殖业年人均产量持续高于捕捞渔业（2012年超过1.5倍），部分原因是捕捞中上层物种的大型工业化渔业。作为全球趋势，2000～2012年，捕捞渔业年生产能力从人均2.7吨稍降至人均2.3吨，水产养殖生产能力从人均2.6吨提高至人均3.5吨。在从事渔业工作人口最多的非洲和亚洲，捕捞渔民和养殖渔民人数也最多（94%以上），但其年人均产出也最低，分别为1.8吨和2.0吨左右。而欧洲和北美洲相对应的数字分别为人均产出24.0吨和20.1吨。拉丁美洲和加勒比区域人均年平均产出6.4～11.7吨，位于以上提到的低产出和高产出区域之间。在一定程度上，人均产量反映了捕鱼活动更高程度的工业化（如欧洲和北美洲）以及小规模经营者的相对重要性，特别是在非洲和亚洲。

表1-5　　　　按区域列出的捕捞渔民和养殖渔民人均产量　　　　单位：吨

	人均产量				
	2000 年	2005 年	2010 年	2011 年	2012 年
捕捞					
非洲	1.7	1.8	1.6	1.5	1.5
亚洲	1.6	1.5	1.5	1.6	1.6
欧洲	24.0	22.5	24.8	24.2	24.2
拉丁美洲和加勒比区域	12.7	11.2	6.2	8.3	6.2
北美洲	17.3	19.6	17.7	19.8	19.7
大洋洲	9.0	12.8	10.2	9.7	10.4
世界	2.7	2.5	2.3	2.4	2.3
水产养殖					
非洲	4.4	4.6	5.6	5.4	5.1
亚洲	2.3	2.7	2.9	3.0	3.2

	人均产量				
	2000 年	2005 年	2010 年	2011 年	2012 年
欧洲	19.8	23.5	24.9	26.0	27.8
拉丁美洲和加勒比区域	3.9	6.3	7.8	9.0	9.7
北美洲	91.5	68.2	70.0	59.5	59.3
大洋洲	23.1	29.5	33.8	30.4	32.7
世界	2.6	2.9	3.2	3.3	3.5

资料来源：联合国粮农组织 2014 年世界渔业和水产养殖状况报告。

四、全球捕捞船队情况

据估测，2012 年全球渔船总数量约为 472 万艘。亚洲数量最多，拥有 323 万艘船，占全球船队的 68%，其次是非洲（16%）、拉美及加勒比（8%）、北美（2.5%）和欧洲（2.3%）。在全球船队中，320 万艘（68%）在海洋作业，其余 150 万艘船在内陆水域生产。全球来看，2012 年 57% 的渔船是机动船，海洋船舶的机动船率（70%）高于内陆船队（31%）。在全球，机动捕鱼船队区域间分布不均匀。亚洲报告的机动船比率最高（72%），如图 1 - 1 所示。

2012 年，世界上约 79% 的机动渔船船长不到 12 米。这类船在所有区域都占多数，特别是拉美及加勒比、非洲和近东。所有机动渔船中约 2% 为 24 米或更长（大约超过 100 总吨）的船，这类船在太平洋和大洋洲区域、欧洲和北美洲比例较高。预计在海洋作业的 24 米及以上的工业化渔船数量约为 6.4 万艘。

为回应《捕捞能力管理国际行动计划》，若干个国家制定了处理国家捕鱼船队过度能力的目标。此外，若干个国家实施了限制近

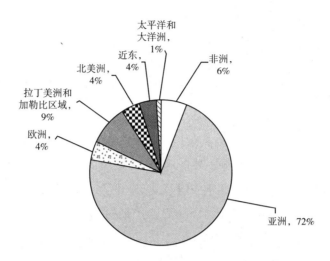

图 1 - 1　2012 年按区域列出的机动渔船分布

资料来源：联合国粮农组织网站数据整理。

海水域大型船舶作业或使用特定网具类型（如拖网）。但在世界一些地方渔船数量减少，在其他地方数量增加。例如，根据中国 2003 ~ 2010 年海洋渔船减少计划（海洋捕鱼船队的 192390 艘船合计功率 1140 万千瓦），2012 年中国在船舶数量方面基本实现了所确定的减少目标。但是，其总合计功率却继续增加，远超设定目标。在 2010 年和 2012 年之间，中国发动机平均功率从 64 千瓦增加到 68 千瓦。日本实施了减少过度能力的计划，日本的海洋捕鱼船队因 2011 年 3 月 11 日海啸进一步减少。但旨在替换因海啸受损船舶的行动却导致其船队 2011 ~ 2012 年实现净增长，纳入了新的更大功率的船舶。事实上，日本渔船平均功率在 2010 年和 2012 年之间从 47 千瓦增加到 52 千瓦。韩国作为另一重要捕鱼国，实现了船只数量 2% 的净减少，但合计功率增加了 5%。2010 ~ 2012 年，发动机平均功率从 133 千瓦增加到 143 千瓦。欧盟 15 国的机动捕鱼船队在船数和发动机功率方面实现了 4% 净减少。2010～2012年，发动机平均功率维持在 85 千瓦。

五、全球海洋渔业资源

世界海洋渔业曾一度持续增产，至 1996 年达到 8640 万吨的高峰后，总体呈下降趋势。2011 年全球纪录的产量为 8260 万吨，2012 年为 7970 万吨。在粮农组织的统计区域，2011 年西北太平洋产量最高，为 2140 万吨（全球海洋产量的 26%），其次是东南太平洋，为 1230 万吨（15%）；中西部太平洋，为 1150 万吨（14%）；以及东北大西洋，为 800 万吨（9%）。

生物学可持续水平捕捞的评估种群呈下降趋势，从 1974 年的90%降至 2011 年的 71.2%。因此，在 2011 年，将近 28.8% 的鱼类种群以生物学不可持续水平捕捞，也就是过度捕捞。过度捕捞不仅导致消极的生态后果，还会减少鱼类产量，进一步导致负面的社会和经济后果。预计恢复过度捕捞的种群可增加 1650 万吨的渔业产量，并获得 320 亿美元年租金。因此，对于过度捕捞种群需要采取严体管理计划，将种群丰量恢复到完全和生物学上可持续的生产力水平。

尽管全球海洋捕捞渔业的情况令人担忧，一些地区通过有效的管理行动，在减少捕捞率以及恢复过度捕捞的种群和海洋生态系统方面正在取得进展。粮农组织正在推动"蓝色增长"，作为海洋和湿地可持续、综合和社会经济敏感管理的一致性办法，关注捕捞渔业、水产养殖、生态系统服务、贸易和沿岸社区的社会保护。蓝色增长框架以涉及所有利益相关者的综合办法推动负责任和可持续的渔业和水产养殖。通过能力开发，将强化政策环境、机制安排和协作过程，给捕鱼和水产养殖社区、社会组织和政治实体授权。在美国，马格努森—史蒂文斯法案及之后的修正案就恢复过度捕捞的种群创立了强制规定。到 2012 年，美国 79% 的鱼类种群处于或高于能提供最大可持续产量的水平。在新西兰，鱼类种群丰量高于过度捕捞临界值的百分比从 2009 年的 25% 下降到 2013 年的 18%。同样，在澳大利亚报告 2011 年受评估种群中，只有 11% 为过度捕捞。在欧盟（成员组织），高达 70% 的受评估种群减少了捕捞率或增加了种群丰量。纳米比亚重新打造其无须鳕渔业，墨西哥成功恢复了鲍鱼种群。加上国际舞台上不断强化的政治意愿声明以及人们愈发认识到恢复遭过度捕捞种群的必要性，以确保资源的可持续性、实现粮食安全和人类福祉，世界海洋渔业能够在长期可持续性方面取得良好进展。

第二节　中国近海捕捞业发展概述

改革开放以来，我国海洋渔业发展迅速，近海渔业捕捞量在 20 世纪 80 年代至 20 世纪末增长较快，1999 年海洋捕捞量达到历史最高值 1497.62 万吨，我国已经成为世界上最重要的海产品生产国之一。与此同时，我国海洋捕捞业也面临着比较突出的渔业资源枯竭的问题。为此，我国先后实施海洋捕捞渔船船数和功率总量控制（即渔船"双控"）、伏季休渔、增殖放流、促进渔民转产转业、加强渔业综合执法等政策。这些政策的实施促使我国海洋捕捞业生产结构日趋合理，捕捞产品结构逐步优化。

一、我国海洋捕捞业产量概述

《中华人民共和国渔业法实施细则》（1987 年 10 月 14 日国务

院批准，1987年10月20日农牧渔业部发布）第十四条明确规定了我国近海渔场与外海渔场的划分：（1）渤海、黄海为近海渔场；（2）下列四个基点（①北纬33度，东经125度；②北纬29度，东经125度；③北纬28度，东经124度30分；④北纬27度，东经123度）之间连线内侧海域为东海近海渔场；（3）下列两条等深线（①东经112度以东之80米等深线；②东经112度以西之100米等深线）之内侧海域为南海近海渔场。

20世纪80年代以来，我国近海渔业资源捕捞量的变化趋势表现出明显的阶段性。第一阶段（1985年之前），1985年之前我国海洋渔业发展处于"自然开发阶段"，海洋捕捞业基本上实行计划经济体制，以国营和集体捕捞业为主，相对于渔业资源存量，捕捞能力较低。海洋捕捞量双向波动、增长缓慢。第二阶段（1985~1999年），捕捞业高速发展时期。1985年农业部确立的以船为基本核算单位的捕捞制度明确了海洋捕捞业的分配制度，产生了强大的正向激励，促进了群众捕捞的发展。这一阶段，海洋捕捞量、机动渔船功率都呈快速增长状态。各地政府在发展经济的大背景下，都积极实施各种措施促进海洋捕捞业的发展。在此阶段，海洋捕捞总量从1985年的348.52万吨增长到1999年的1497.62万吨，十五年的时间，海洋渔业总产量增长了3倍多，平均年增长率达到10.98%。1999年也是我国海洋捕捞量的历史最高点。第三阶段（1999年至今）是政策调控时期。随着海洋捕捞业的快速增长，渔业资源衰退成为限制我国海洋捕捞业发展的最大问题。为此，我国制定多种制度，以改善海洋渔业资源环境，包括：全国海洋捕捞渔船船数和功率实行总量控制（简称"双控"制度，1987年起实施）、休渔制度（1995年起在东海和黄海实行伏季休渔制度，1999年推广到其他海域）、捕捞量"零增长"制度（1999年提出）等。这些政策的实施有效遏制了我国海洋渔业增长过快的态势，促使我国海洋捕捞业从追求产量转变为追求可持续发展。2000 年我国海洋渔业总产量 1477.4 万吨，比上年下降 1.35%。之后，我国海洋渔业总产量大体呈稳定回落的趋势。2013 年，我国海洋渔业总产量为 1264.38 万吨，与 2000 年的数据相比，下降了 14.42%，如图 1 - 2 所示。

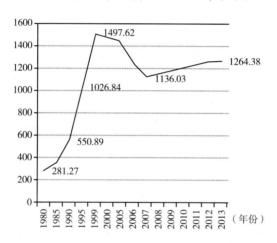

图 1 - 2　全国海洋捕捞业总产量（1980 ~ 2013 年）

近年来，我国海洋捕捞业总产值基本稳定，略有增长。2007 年海洋捕捞业总产值 1093 万元，2013 年海洋捕捞业总产值 1855 万元，6 年间增长了 78.54%，平均年增长率 9.22%。渔业总产值的增长速度略高于海洋捕捞业产值的增长速度。2007 年全国渔业总产值 5521 万元，2013 年增长到 10105 万元，6 年间增长了 83.03%，平均年增长率 10.60%。因此，海洋捕捞业产值占渔业总产值的比重呈略微下降趋势，从 2007 年的 19.80% 下降到 2013 年的 18.36%，如图 1 - 3 所示。

2000 年以来，我国海洋捕捞业产量占海水产品产量的比重也呈总体下降的趋势。这是由于一方面为改善我国渔业资源环境、限

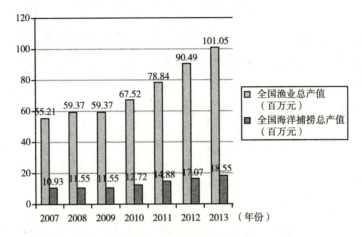

图 1 – 3　全国渔业、海洋捕捞业总产值（2007～2013 年）

制近海捕捞数量，我国实施了若干政策调控；另一方面，为了拓宽海洋资源的捕捞生产，我国开始发展远洋渔业，尤其是近两年远洋渔业发展迅速，正逐步成为我国海洋渔业的重要组成部分。2000年我国海水产品总产量为 2539 万吨，其中海洋捕捞业产量 1441 万吨，占比 56.75%；当年我国远洋捕捞业产量为 88 万吨，仅占海水产品总产量的 3.67%。2010 年我国海洋捕捞业产量 1204 万吨，比 2000 年的产量下降了 16.45%，占海水产品总产量下降到43.03%；当年我国远洋捕捞业产量为 112 万吨，占海水产品总产量的 4%，比 2000 年的产量增长了 27.27%。2013 年我国远洋捕捞业产量首次超过海洋捕捞业产量。当年我国远洋捕捞业产量为1352 万吨，占海水产品总产量的 43.07%，比 2012 年的产量增长了近 10 倍；2013 年的海洋捕捞业产量为 1264 万吨，与 2012 年的产量基本持平，占海水产品总产量下降到了 40.28%，如表 1 – 6所示。

表 1 - 6 我国捕捞业增减变化情况

年份	捕捞总产量（百万吨）				占海产品产量的份额（%）				增长率（%）		
	2000	2010	2012	2013	2000	2010	2012	2013	2000~2010	2010~2013	2012~2013
海水产品产量	25.39	27.98	30.33	31.39	—	—	—	—	10.20	12.19	3.49
远洋捕捞业	0.88	1.12	1.22	13.52	3.67	4.00	4.02	43.07	27.27	1107.14	1008.20
海洋捕捞业	14.41	12.04	12.67	12.64	56.75	43.03	41.77	40.28	-16.45	4.98	0.24

2013 年我国海洋捕捞业总产量 1264.38 万吨，比 2012 年减少 2.81 万吨，下降 0.22%。从海区看，我国海洋捕捞业产量主要来自东海，其次是南海和黄海，来自渤海的产量最小。以 2013 年为例，我国当年海洋捕捞业总产量 1264.38 万吨。这其中来自东海的产量为 502.27 万吨，占总产量的 39.72%；来自南海和黄海的产量分别是 346.08 万吨和 318.50 万吨，分别占总产量的 27.37% 和 25.19%；来自渤海的产量最小，只有 97.53 万吨，占总产量的 7.71%，如表 1 - 7 所示。

表 1 - 7 2012~2013 年全国海洋捕捞产量（按海区分）

指标		2013 年（万吨）	2012 年（万吨）	2013 年比 2012 年增减变化	
				绝对量（万吨）	幅度（%）
合计		1264.38	1267.19	-2.81	-0.22
按捕捞海域分	渤海	97.53	104.34	-6.81	-6.53
	黄海	318.50	292.77	25.73	8.79
	东海	502.27	517.81	-15.54	-3.00
	南海	346.08	352.28	-6.19	-1.76

资料来源：根据"中国渔业统计年鉴"数据整理。

二、海洋捕捞渔业主要省份

我国海洋捕捞渔业的地区发展并不平衡。根据 2013 年的数据，从海洋捕捞产量的省区分布看，11 个沿海省（直辖市）的海洋捕捞产量大致可以分为 4 个层次：位于第一层次的是浙江省和山东省，其海洋捕捞产量分别占全国海洋捕捞产量的 25.25% 和 18.31%，两省合计几乎占据了全国海洋捕捞产量的半壁江山。第二层次包括福建省、广东省、海南省和辽宁省，这些省份的海洋捕捞产量均超过了 100 万吨，其产量之和占全国海洋捕捞总产量的 44.54%。第三层次是广西壮族自治区、江苏省和河北省，其产量分别占全国海洋捕捞产量的 5.15%、4.38% 和 1.82%。最后一个层次包括天津市和上海市，由于直辖市的经济规模和经济结构所限，这两个地区的海洋捕捞产量均未超过 10 万吨，只占全国海洋捕捞总产量的 0.58%。从各省海洋捕捞业发展速度看，天津市近年海洋捕捞业发展速度最快，2013 年产量比 2010 年增长两倍多。其余各省区市产量变化不大。

表 1-8　　　2013 年主要省区市海洋捕捞渔业产量情况

2013 年排名	省区市	产量（万吨）	占比（%）
1	浙江	319.20	25.25
2	山东	231.52	18.31
3	福建	193.73	15.32
4	广东	149.28	11.81
5	海南	112.13	8.87
6	辽宁	107.93	8.54
7	广西	65.06	5.15

续表

2013 年排名	省区市	产量（万吨）	占比（%）
8	江苏	55.38	4.38
9	河北	23.05	1.82
10	天津	5.34	0.42
11	上海	1.96	0.16
全国总计		1264.38	100.00

表 1-9　　主要省区市海洋捕捞渔业产量的增减变化情况

2013 年排名	省区市	产量（万吨）			增长变化率（%）	
		2010 年	2012 年	2013 年	2010～2013 年	2012～2013 年
1	浙江	282.10	316.12	319.20	13.15	0.97
2	山东	235.09	236.33	231.52	-1.52	-2.04
3	福建	190.85	192.72	193.73	1.51	0.52
4	广东	142.96	151.05	149.28	4.42	-1.13
5	海南	99.47	110.93	112.13	12.73	1.08
6	辽宁	100.74	107.93	107.93	7.14	0.00
7	广西	66.30	66.66	65.06	-1.87	-2.40
8	江苏	57.04	56.61	55.38	-2.91	-2.17
9	河北	25.33	25.25	23.05	-9.00	-8.71
10	天津	1.58	1.65	5.34	237.97	223.64
11	上海	2.15	2.04	1.96	-8.84	-3.92
全国总计		1203.59	1267.19	1264.38	5.05	-0.22

资料来源：根据《中国渔业统计年鉴》数据整理。

三、海洋渔业捕捞品种

我国海洋生物资源约有 20278 种，近海约 1 万多种。我国的渤海、黄海、东海和南海如按等深线划分，水深 40 米以内的沿岸水域约有 34 万平方千米，40～100 米的近海水域约有 68 万平方千米，100 米至大陆架边缘的外海水域约有 48 万平方千米，大陆架以外的深海水域有 300 多万平方千米。这些海域的渔业资源具有以下特点：一是多样性和分散性。我国海区处于 3 个气候带，大陆架比较辽阔，平均深度较浅，河流注入较多，是生物生长的良好处所，这 3 个气候带资源兼有，但群体比较分散。二是封闭性和独立性。我国海区属半封闭陆缘海，没有强大海流流经所形成的上升流渔场，主要渔业资源缺少世界性广布种，大洋洄游性鱼类少，地区性鱼类较多，渔业资源具有较明显的封闭性和独立性。三是暖水性品种多。暖水性品种约占资源总量的 2/3，它们具有性成熟早、生长较快、产卵期长、繁殖力强、生命周期短、世代交替快等特点。海洋渔业资源由于品种多和互补性强，资源恢复能力较强，能承受得起一定的捕捞压力。但是，由于缺少世界性广布种，单种数量级较低，资源密度低于世界平均值，属于中等偏低水平，又制约了海洋捕捞业的发展。

20 世纪 60 年代前，近海捕捞量约在 200 万吨，捕捞对象是大型底层种类和近底层种类，如大黄鱼、小黄鱼、带鱼、鲆鲽类、鳕鱼和乌贼鱼等；70 年代中期，捕捞量达到 300 多万吨，捕捞对象以小型中上层鱼类为主；80 年代中期，海洋捕量平均以 20% 的速度增加，而捕捞对象只以鳀鱼、黄鲫等小型中上鱼类为主，它们已占总量的 60% 以上，黄海、东海鳀鱼的总生物量已达到 300 万～400 万吨，与 10 年前相比，1992～1993 年，渤海的无脊椎动物减少了 39%，鱼类产卵群体的平均体重只有 10 年前的 30%，鲈鱼、鳓鱼、真鲷、牙鲆、半滑舌鳎、对虾、梭子蟹等重要经济渔业资源的生物量只有 10 年前的 29%，而鳀鱼、棱鳀等低值种类却增加了 2.4 倍。

1998 年的调查表明，渤海渔业资源生物量已下降到 1992 年的
11%。东海区大黄鱼、小黄鱼、乌贼、马面鲀资源发生了很大变
化。而带鱼、鲐鲹类及虾类资源虽相对稳定，但群体组成趋向低龄
化、小型化。各海区由于捕捞过度和生态环境的变化，出现了捕捞
种群的交替现象，近海渔业资源开发利用已到了极限。

从海洋渔业捕捞品种看，2013 年我国主要的海洋渔业捕捞品
种是鱼类，其产量为 871.76 万吨，占海洋捕捞总产量的 68.95%。
甲壳类第二，其产量为 228.55 万吨，占海洋捕捞总产量的
18.04%。其余是头足类和贝类，分别占海洋捕捞总产量的 5.22%
和 4.27%。从各品种的增幅上看，捕捞产量增幅最大的是藻类，
2013 年比 2012 年增长 8.97%，其次是甲壳类，2013 年比 2012 年
增长 3.54%，如表 1 - 10 所示。

表 1 - 10　　　　2013 年我国海洋捕捞产量的品种构成

排序	品种	产量（万吨）	占比（%）	2013 年比 2012 年增减幅度（%）
1	鱼类	871.76	68.95	-0.47
2	甲壳类	228.55	18.04	3.54
3	头足类	66.43	5.22	-4.95
4	贝类	54.76	4.27	-2.82
5	藻类	2.80	0.22	8.97
6	其他	40.08	3.16	-4.10
合计	海洋捕捞产量	1264.38	—	-0.22

资料来源：根据《中国渔业统计年鉴》数据整理。

四、我国海洋捕捞渔船情况

20 世纪 50～70 年代，我国渔船总数量为 40 万～45 万艘，且小型木质渔船占大多数。80 年代后期渔船数量增长迅速，由 1980 年的 44 万艘增至 1999 年的 90 余万艘。50 年代，我国仅有机动渔船 230 艘，到 1980 年也仅有 5 万多艘。80 年代以来，我国近海渔业资源捕捞量一度保持高速增长，到 1999 年捕捞量达到历史最高点。之后由于监管部门实施捕捞量"零增长"目标，捕捞量从最高点开始回落，保持零增长或负增长态势，维持至今。同海洋捕捞量类似，机动渔船功率和渔业劳动力都表现出同样的阶段性。机动渔船功率在 1985 年前增长率最高，原因是非机动渔船的机动化改造。1985～1999 年机动渔船功率净增量最高（820 万千瓦），是 1956～1984 年净增量的 2.7 倍。为解决海洋渔业资源衰退问题，农业部从"八五"时期（1987 年）开始对全国海洋捕捞渔船船数和功率实行总量控制。根据渔民的可承受能力和渔区经济社会发展状况，全国海洋捕捞渔船船数和功率数分别从 2002 年年底的 222390 艘、12696631 千瓦，压减到 2010 年的 192390 艘、11426968 千瓦以内，船数减少 3 万艘，功率数减少 1269663 千瓦，年均减少 3750 艘、158708 千瓦。通过压减捕捞渔船船数和功率数，达到初步控制我国海洋捕捞强度盲目增长和资源的过度利用，逐步实现海洋捕捞强度与海洋渔业资源可捕量相适应的目的。

2013 年国内海洋捕捞机动渔船总功率为 12030491 千瓦。浙江省为数最多，占全国总量的 27.15%。其次是广东省、福建省和山东省，分别占 16.21%、14.60% 和 11.33%。2013 年我国捕捞渔船总数为 45.24 万艘，捕捞渔船总吨位 802.49 万吨，总功率 1769.31

万千瓦。总功率在44.1千瓦及以下的捕捞渔船38.51万艘，占捕捞渔船数的84.44%；总功率在44.1~441千瓦的捕捞渔船6.52万艘，占捕捞渔船数的14.41%，但其总吨位和总功率在所有捕捞渔船中占比最大，分别为67.46%和58.90%。2013年81.23%的机动渔船船长在12米以下，其总吨位和总功率在所有机动渔船中分别占21.41%和34.75%。船长在24米以上的机动渔船共3.59万艘，占总船数的5.17%，但其总吨位和总功率在所有机动渔船中占比最大，分别为54.44%和41.77%。按捕捞渔具分，2013年我国将近一半的海洋捕捞业产量来自拖网捕捞，拖网捕捞产量606.44万吨，其次是刺网捕捞和张网捕捞，各占海洋捕捞业总产量的21.49%和12.82%。从增长速度看，围网捕捞的增长速度最快，达到5.93%，如表1-11、表1-12和表1-13所示。

表1-11 2013年按区域列出的国内海洋捕捞机动渔船总功率情况分布

省份	总功率（千瓦）	占比（%）
天津	41691	0.35
河北	316550	2.63
辽宁	935201	7.77
上海	42751	0.36
江苏	581788	4.84
浙江	3266230	27.15
福建	1756497	14.60
山东	1362740	11.33
广东	1950443	16.21
广西	623378	5.18
海南	1177142	9.78
全国总计	12030491	100.00

表1-12　　　　　　　2013年全国捕捞渔船年末拥有情况

		捕捞渔船总数（万艘）	占比（%）	捕捞渔船总吨位（万吨）	占比（%）	总功率（万千瓦）	占比（%）
	捕捞渔船合计	45.24	—	802.49	—	1769.31	—
捕捞渔船按功率	441千瓦及以上	0.21	0.46	81.25	10.12	135.16	7.63
	44.1～441千瓦	6.52	14.41	541.05	67.46	1042.51	58.90
	44.1千瓦及以下	38.51	84.44	180.19	22.44	591.63	33.41
机动渔船合计		69.49	—	989.55	—	2219.90	—
机动渔船按船长	24米(含)以上	3.59	5.17	538.71	54.44	927.33	41.77
	12(含)～24米	9.45	13.60	238.96	24.12	521.13	23.48
	12米以下	56.45	81.23	211.88	21.41	771.44	34.75

表1-13　　　　　　　　全国海洋捕捞产量（按渔具分）

指标		2013年	2012年	2013年比2012年增减变化	
				绝对量（万吨）	幅度（%）
合计		1264.38	1267.19	-2.81	-0.22
按捕捞渔具分	拖网	606.44	604.53	1.90	0.31
	围网	102.71	96.96	5.75	5.93
	刺网	271.67	272.80	-1.13	-0.42
	张网	162.18	163.69	-1.51	-0.82
	钓具	34.98	35.79	-0.82	-2.29
	其他渔具	86.41	93.41	-7.00	-7.49

资料来源：根据《中国渔业统计年鉴》数据整理。

五、我国渔业管理制度

海洋捕捞业具有典型的资源依赖性特征，渔业资源种群数量直接决定了海洋捕捞业的产量。渔业资源是典型的环境敏感型资源，海域环境状况的微小变化可能对鱼类种群结构及规模造成显著影响。近年来，随着陆源污染物排放的增多及海洋开发活动的增加，海域环境状况持续恶化，对海洋捕捞业的影响也日趋明显：一方面，渔业资源失去了原有的生存环境，种群数量锐减，导致捕捞产量下降；另一方面，海域富营养化、重金属超标等一系列问题对海洋捕捞产品的质量安全构成严重威胁，直接影响海产品食用者的身体健康。渔业资源衰退成为限制我国海洋捕捞业发展的最大问题。农业部在《中国渔业统计年鉴》中曾多次提及海洋捕捞业的发展困境：近海资源衰退严重（1994 年）；养护和合理利用近海渔业资源是新时期渔业发展的重要内容（1998 年）；恢复渔业资源缺乏治本之策（2000 年）；海域资源逐渐恶化，难以形成中心渔场（2004年）。2012 年《中国渔业生态环境状况公报》显示，我国渔业水域污染事故造成当年海洋天然渔业资源经济损失高达 70.64 亿元，持续恶化的海域环境对海洋捕捞业发展的阻滞效应日益明显。为了遏制和缓解近海渔业资源衰退的趋势，农业部围绕"渔船、渔具与渔民"等要素相继出台了多项管理制度和措施，以期实现对渔业资源的保护。

（一）捕捞许可证制度

捕捞生产的准入是进行海洋渔业资源有效管理的必要条件，我国对捕捞业实行捕捞许可制度。从事外海、远洋捕捞业的，由经营者提出申请，经省、自治区、直辖市人民政府渔业行政主管部门审核后，报国务院渔业行政主管部门批准。从事外海生产的渔船，必须按照批准的海域和渔期作业，不得擅自进入近海捕捞。近海大型拖网、围网作业的捕捞许可证，由国务院渔业行政主管部门批准发放；近海其他作业的捕捞许可证，由省、自治区、直辖市人民政府渔业行政主管部门按照国家下达的船网工具控制指标批准发放。

（二）渔船管控制度

在渔船管控方面，为控制捕捞强度、养护和合理利用海洋生物资源，我国自1987年开始实施海洋捕捞渔船数量和功率总量控制制度，即"双控制度"。之后农业部分别于2003年和2011年印发了"2003～2010年"及"十二五"期间渔船控制制度实施意见。意见明确继续实施海洋捕捞渔船数量和功率总量控制制度，并提出"十二五"期末全国海洋捕捞渔船船数和功率数不突破2010年控制指标；积极推进渔船标准化建设，提高渔船安全适航性能，促进渔船节能减排；规范渔具渔法，强化海洋生物资源养护；加强政策支持，努力促进捕捞渔民转产转业；强化执法管理，确保渔船管理制度实施，并严格落实管理责任。

（三）休渔制度

休渔制度是根据渔业资源的繁殖、生长、发育规律和开发利用状况，划定一定范围的禁捕区（保护区、休渔区），规定一定的禁捕期（休渔期），在禁渔区内禁止某些渔具渔法的使用或者全面禁渔的一系列措施和规章制度的总称，属于投入控制制度。针对近海渔业资源的不断衰退，我国自1995年起在东海和黄海实行伏季休渔制度，并在1999年把我国的伏季休渔制度推广到其他海域。具体规定是：北纬35度以北的海域，每年7月1日0时~9月15日24时，禁止所有拖网和帆张网作业；北纬26度~35度的海域，每年6月16日0时~9月15日24时，禁止所有拖网和帆张网作业；北纬26度以南的东海海域每年6月1日0时~7月31日24时禁止拖网和帆张网作业；北纬12度以北的南海海域（含北部湾），每年6月1日0时~7月31日24时禁止拖网和帆张网作业。

为配合休渔制度的实施，农业部制定了一系列支持性政策，鼓励渔民减船转产，重点支持压减对资源和生态环境损害严重的渔船，引导捕捞渔民向水产养殖、加工流通业、休闲渔业及其他非渔产业转移。同时完善渔区社会保障制度，按照政府补贴、社会统筹、渔民合理负担的原则，将转产转业渔民纳入社会保障范围。

（四）"零增长"制度

我国于1999年提出捕捞量"零增长"政策，2000年新修订的《渔业法》正式提出了在我国实行海洋渔业捕捞限额制度。捕捞限额制度也是一种投入控制制度，通常是在一定的区间、一定的区域对特定的渔业生物资源品种设定可允许捕捞量的最大值，是将渔业的结果——产量（捕捞量）作为直接管理对象，根据相关捕捞对象的资源禀赋状况，通过综合性的资源评价，确定总允许捕捞量。如果捕捞量超过了一定的标准，渔业生产就会被控制。限额捕捞总量按照行政区逐级分配，配额接受者是持证渔船。捕捞限额的具体形式是总允许捕捞量（TAC）制度。实际上，《渔业法》里规定的捕捞限额制度就是TAC制度。

第二章

近海捕捞业渔民的融资选择理论

分析捕捞业渔民的行为是以金融学理论为基准的，渔民的融资行为在渔业生产的各个环节都有体现，也涉及金融理论的多个层面，我们主要从四个方面进行说明，即时间与资源配置、价值评估模型、风险与资产组合以及资产定价。

第一节　时间与资源配置

金融决策涉及对不同时期的成本与收益进行分摊，要做好这项工作，决策者必须比较不同时期的资金数量的价值，这就需要透彻理解货币的时间价值概念和折现现金流技术。

一、现值与未来现金流

一般来说，对于已经投资的任意现值而言，未来价值的计算公式如下：

$$FV = PV (1 + i)^n \qquad\qquad (2.1)$$

其中，FV 代表未来某一时期的价值，PV 代表现在的投资价值，i 代表利率，n 代表年数（或期限）。这是复利的计算方式，计算现值就是计算未来价值的逆运算。

给定这个公式中的任意三个变量，就可以计算出第四个变量。这是一个可以进行多种金融决策的公式。

最普遍的决策规则是净现值规则：净现值是所有未来现金流入的现值与现在和未来全部现金流出的现值之间的差额。如果一个项目的净现值为正，就值得投资。

净现值规则在各种场合都是通用的，关键是对于未来现金流的判断必须尽量准确。

对于一些特定的问题，也会采取其他的规则，如已到期收益率或内部收益率为核心的规则：内部收益率是未来现金流入现值正好等于现金流出的现值的利率，如果这个利率大于资本的机会成本，就可以投资这个项目。

我们还可以围绕年数 n 来做决策，即选择拥有最短回收期限的投资项目。

需要注意的是，未来现金流不仅仅是一项，一般都有很多项，因此，计算公式就包括未来每一时期的每一个现金流，这是一个复合现金流的概念，当然，在理论本质上没有区别。

二、居民的储蓄与投资决策

现金流折现的概念可以应用于居民的储蓄与投资决策分析，渔民的渔船投资决策也是这个决策的一个部分。实际上，这个理论涵盖的内容也包括人力资本的投资等更为广泛的内容。我们有必要了

27

解这个理论基础。

每个人必须在生命的不同阶段做出金融决策，这就是生命周期储蓄模型要处理的问题。我们要考虑的问题是：你应当消费多少，应当为退休生活储蓄多少？

假设我们的目标是退休后在消费上支出相同数量，那么我们应该储蓄多少呢？如果我们现在 25 岁，没有任何财产积累，预期 60 岁退休，预期寿命 80 岁，那么，我们必须在未来的消费和储蓄之间寻求一个均衡：

$$\sum_{t=1}^{55} \frac{C}{(1+i)^t} = \sum_{t=1}^{35} \frac{Y_t}{(1+i)^t} \qquad (2.2)$$

其中，公式的左边是未来消费现金流出的现值，每一期的消费数值 C 是固定的；公式右边是未来收入流的现值，每一期的收入 Y 并不是固定的，因此有一个下标 t 来描述。公式的含义是：未来 55 年的消费现值等于未来 35 年的劳动收入。

未来收入的现值就是经济学家界定的人力资本，现值等于人力资本的不变消费支出就是永久性收入。

利率越高，人力资本的价值越低，永久性收入水平越高。

一般来说，我们并不是一无所有，会有一定的初始财富，同时，我们也不会在生命终结时把财富都消费完，会留下一定的遗产。因此，最终的消费模式会与式（2.2）不一样，一般化的公式是：

$$\sum_{t=1}^{T} \left[\frac{C_t}{(1+i)^t} + \frac{B_t}{(1+i)^t} \right] = W_0 + \sum_{t=1}^{R} \frac{Y_t}{(1+i)^t} \qquad (2.3)$$

其中，C 为第 t 年的消费支出，Y 为第 t 年的劳动收入，i 为利率，R 为到退休的年数，T 为生存年数，W 为初始财富，B 为第 t 年的遗产。

式（2.3）说明，消费支出和遗产的现值等于终生的资源现值。

式（2.3）为我们的金融决策提供了一个分析框架，例如，什么样的退休政策会带来什么影响、社会保障计划会给储蓄和投资带来何种改变、是否会进行人力资本的投资等。这些问题都可以在这个模型框架中进行研究。

渔民的购船决策也可以用这个框架来分析，我们需要计算购船的现金流出和现金流入，然后比较现金流的现值，就可以做出决策。采用购船还是租船、贷款还是合股的形式等问题，都可以估算出来。当然，这就直接涉及项目的现金流估算了。

三、投资项目分析

现金流分析既可以作为日常生活中储蓄决策分析，也可以作为企业投资决策分析。对于渔民来说，最重要的就是渔船的购买或租赁决策分析。

对于一个投资项目来说，最基本的是现金流入的现值要超过必要开支的现值。在评估过程中，预测现金流入可能是一个困难的过程，不确定性以及管理性期权也是需要纳入考虑的一些重要事项。

考虑一个未来现金流大体固定的项目，项目的净现值计算如下：

$$NPV = \sum_{t=0}^{n} \frac{CF_t}{(1+k)^n} \qquad (2.4)$$

其中，NPV 为净现值，CF 为第 t 年的净现金流入，k 为投资项目的资本成本。

一旦有了现金流的预测值，计算投资项目的净现值就是一个比较简单的过程。现金流的预测根据项目性质的不同，考虑的影响因素也很不相同，如固定成本支出、可变成本支出、税收等。

资本成本是经过风险调整的折现率，在分析过程中，有三个需要重点考虑的事项：特定项目的风险与现有资产的风险不一定相同；资本成本的风险只考虑此项目的市场相关风险，而不是融资工具的风险；项目的非系统性风险不在考虑范围之内。

通常在投资项目分析的最后，还要进行敏感性分析，即测试一下当一些变量发生改变时，项目是否还值得投资。如果把通货膨胀因素考虑进来，净现值的计算也应当做出相应调整。

第二节　价值评估模型

归根结底，金融投资决策的基础是要估算一项资产的市场价值到底是多少。资产估值是大部分金融决策过程的核心。

在进行资产价值估算时，必须了解一项或多项可比性的资产信息，理论上来说，当市场均衡时，所有可替代的资产必须具有相等的价格。这是市场竞争中经济选择的基本理论含义。

在一个资产信息丰富的市场中，如果知道某项资产的价格，此资产在根本上等同于我们希望估计的资产，那么我们可以应用一价定律，一价定律是指两项相同的资产倾向于拥有相同的价格。当然，现实中我们很可能看到不一样的价格，原因在于从一项资产向另一项资产的转换需要成本，也有可能是投资者没有获得更多的资产信息。

在现实生活中，几乎没有两项资产是完全一样的。但是类似的资产价格仍然能够给我们提供参考。

总之，关键之处在于，当我们进行投资时，是在多种资产中进行选择，在边际上，我们的资金在各种资产中的边际收益应该是相等的。

我们可以把估值模型分成两类：一类是已知现金流的价值评估；另一类是未知现金流的价值评估。

已知现金流的价值评估以债券为代表，公式如下：

$$PV = \sum_{t=1}^{n} \frac{PMT}{(1+YTM)^n} + \frac{FV}{(1+YTM)^n} \qquad (2.5)$$

其中，PV 为债券现值，PMT 为每年的息票支付，YTM 为到期收益率，FV 为到期时得到的债券面值。

核心的含义仍然是把未来的现金流贴现为现值。不同的债券，未来现金流形态不一样，都可以用类似的公式来贴现。

未知现金流的价值评估可以用股票估值为代表，公式如下：

$$P_0 = \sum_{t=1}^{\infty} \frac{D_t}{(1+k)^t} \qquad (2.6)$$

其中，P 为股票价格，D 为预期的未来红利，k 为资本化率。

股票是没有到期日的，理论上可以看作是期限无穷大。通过对红利的不同假设，我们可以推导出不同的股票估值模型。

如果假设红利以不变速率 g 增长，股票估值公式可以简化为：

$$P_0 = \frac{D_1}{k-g} \qquad (2.7)$$

当然，这里给出的公式仅仅是股票估值的原理，现实中的股票估值还需要考虑更多的影响因素。

第三节　风险与资产组合

风险与不确定性紧密相关，当不确定性会带来损失时，我们认为存在风险。不同的行业显然存在不同性质的风险，所有金融决策都与风险管理相关。

居民面临的风险通常分为以下几类：疾病和死亡风险、失业风险、负债风险、资产风险等。企业面临的风险通常分为：生产风险、产品价格风险、投入品价格风险。渔业中的渔船主具有双重身份，因此，将同时面临居民和企业所遇到的上述风险。

风险管理过程可以分解为以下几项步骤：风险识别、风险评估、风险管理技术选择、实施风险管理、审查。

风险识别就是要分析最重要的风险暴露是什么，从而为后续风险管理工作奠定基础。风险评估就是在收集信息的前提下对相关成本的量化处理。根据风险识别和评估，选择相应的风险管理技术，包括风险规避、损失防护与控制、风险保留以及风险转移等。

风险转移有三种形式：对冲、投保和分散化。

为了降低损失暴露程度而采取行动，同时也放弃了获利的可能性，这种行为就是对冲。也可以选择支付保险费来避免损失。分散持有多种风险资产的行为也是应对风险的一种常见方式。

金融市场提供了很多金融产品作为应付风险的工具，远期合约和期货合约都可以作为对冲风险的工具，互换合约可以对冲汇率风险。期权可以看作是保险合约的一个类别，在金融市场中是一个有力的风险管理工具。当考虑分散化战略时，通常以无风险资产和风险资产德尔组合为起点，然后推广至多种风险资产的配置。

渔业中的渔船主显然也有多种风险资产可供选择，风险管理也是一个重要事项。

第四节　金融决策与经济增长

金融决策以个人选择为基础，同时也是影响一个产业增长的重要因素，我们分析渔船主的金融决策，也分析这些金融决策对渔业整个产业的影响，这种影响是在经济增长理论的框架之内进行的，因此，经济增长理论的部分内容也是我们展开工作的一个基础。我们将简要叙述经济增长理论中与我们的分析最相关的那些内容。

一、储蓄与增长——新古典模型

能否通过储蓄并投资于物质资本使人均收入不断地增长？这一问题是新古典增长模型的核心。新古典主义的生产函数必须满足四个条件：规模报酬不变、投入的收益为正且递减、资本（或劳动力）趋于无穷大时劳动力（或资本）的边际产品趋于零、每一种投入对生产过程都是必要的。

假设资本是同质的，具有恒定的折旧率，在一个时点上的物质资本存量的增加额等于总投资减去折旧：

$$\dot{K}(t) = I(t) - \delta K(t) = s \times F(K, L, T) - \delta K(t) \qquad (2.8)$$

其中，K 为资本存量，I 为投资量，L 为劳动力，T 为知识或技术，δ 为折旧率，s 为储蓄率。

变量上方的点表示对时间求导。这一公式给出了资本存量随时间所发生的变化。两边除以劳动力投入 L，可以转换成人均形式：

$$\dot{k} = sf(k) - (n+\delta)k \qquad (2.9)$$

其中，n 为劳动力增长率。

变量小写表示人均量。

式（2.9）表明，存量资本的变动取决于储蓄量扣除资本折旧和新增劳动力资本配置之后的剩余。当人均资本不随时间而变动时，经济增长处于稳态。即：

$$\dot{k} = sf(k) - (n+\delta)k = 0 \qquad (2.10)$$

人均数量的恒定意味着资本、收入和消费都以人口增长率 n 的速率增长。实质性结论为：稳态增长率与储蓄率和技术进步无关。

如果生产函数属于古典主义的性质，就意味着仅仅依赖储蓄并投资于物质资本不可能使人均收入一直增长。我们要想产生长期的人均收入增长，必须依赖技术进步，而非物质资本积累。

二、储蓄率最优化与增长——拉姆齐模型

新古典模型中储蓄率是外生给定的，在市场竞争中，储蓄率应该是追求最优化的企业与居民相互作用的结果。在这个模型中，储蓄率不再是常量，而是人均资本存量的一个函数。具有不变储蓄率的新古典模型其实是拉姆齐模型的一个特例。

居民之间是竞争性的，每个居民面临给定的利率和工资率，居

民的总收入等于劳动收入和资产收入，没有消费掉的收入将用于积累更多的资产：

$$\frac{d(资产)}{dt} = r \times Assets + wL - C \qquad (2.11)$$

其中，r 为利率，w 为工资水平，L 为劳动供给，C 为消费。

式（2.11）表明，资产随时间的变化等于资产收入加上劳动收入扣除消费之后的剩余。在公式两边同时除以 L，得到人均水平的预算约束：

$$\dot{a} = w + ra - c - na \qquad (2.12)$$

其中，a 为人均资产，n 为人口增长率。

小写变量代表人均水平。

给定预算约束，居民将力求最大化自己的效用。

企业与居民处于同一个市场，也面临着同样的利率约束和工资约束，代表性企业在任何时点的收益流或利润由下式给出：

$$\pi = F - (r + \delta)K - wL \qquad (2.13)$$

其中，π 为利润，F 为产出。

其他符号含义与前面相同，小写变量代表人均水平。

在市场竞争中，企业与居民将同时达到均衡，在均衡条件下，人均资产 a 等于劳动者人均资产 k，整个经济的资源约束就是：资本存量的变化等于产出减去消费和折旧：

$$\dot{\hat{k}} = f(\hat{k}) - \hat{c} - (x + n + \delta)\hat{k} \qquad (2.14)$$

其中，k 为有效人均资本，f 为产出，c 为人均消费，x 为技术进步，n 为人口增长率，δ 为资本折旧率。

变量上面加帽意味着是有效值（原始值与技术水平的乘积），

变量上面加点意味着随时间而变。

在拉姆齐模型中，储蓄率的变化难以预测，既可以上升，也可以下降。这个模型可以进行多种扩展来包括不同的变量，如把政府税收、国际化等因素加进来进行分析。本书后面的相关研究直接或间接地使用了前述理论模型。

第三章

近海捕捞业的补贴

第一节 国际渔业补贴研究

一、渔业补贴的定义

补贴是指一成员方政府或任何公共机构向某些企业提供的财政捐助以及对价格或收入的支持，以直接或间接增加从其领土输出某种产品或减少向其领土内输入某种产品，或者对其他成员方利益形成损害的政府性措施。补贴是一种政府行为，往往涉及政府公共账户的开支，而受补贴方能够从补贴计划中取得某些它在市场中不能取得的价值。渔业补贴作为一项政府的宏观经济政策具有悠久的历史，它对世界渔业的发展也产生过重要的影响作用。尽管目前世界各国对渔业补贴尚无一个普遍接受的定义和分类，但是各国对渔业补贴的定义均围绕维持渔业资源的可持续利用，发展本国、本地区渔业经济，维护食品健康安全以及消除补贴对贸易的扭曲作用等方面展开。具体来说，国际上有代表性的渔业补贴定义与分类有以下几种。

（一）联合国粮农组织（FAO）

2003 年，在联合国粮农组织发布的一篇渔业报告《渔业补贴识别、评估和报告指南》（"*Report of the Expert Consultation on Identifying, Assessing and Reporting on Subsidies in the Fishing Industry*", FAO, Rome, 2003）中提出了广义的渔业补贴定义："渔业补贴是渔业行业特有的政府行动或无行动，而且政府的这种行动或无行动改变（增加或减少）了渔业行业的短期、中期或长期潜在利润。"为了促进补贴信息的整理和分析，报告建议将渔业补贴分成四大类：（1）直接财政转移；（2）服务和间接财政转移；（3）具有短期和长期影响的干预；（4）缺乏干预。此报告还指出"由于渔业补贴是在特殊的政策环境下，政府对渔业部门特殊的行动或无行动。因此，不同经济政策环境的渔业补贴可能不同。"把补贴的范围界定为所有在短期和长期内可对现有渔业从业者的利益产生潜在的有利或不利影响的政府作为（无论这些干预是否涉及财政转移），这样的定义非常宽泛，所有与政府有关的补贴行为基本都被包含在内，另外，所有未采取的矫正性干预措施，也属于渔业补贴的范畴。

（二）世界经济合作与发展组织（OECD）

1993 年，经济合作发展组织为了评估其成员方向渔业提供经济援助的具体情形，做了专题调研。经济合作发展组织渔业委员会采用了"经济援助"（Economic Assistance/aid）这一概念研究渔业补贴问题。此委员会指出，所有旨在改善渔业环境和渔业行业现有从业者，包括渔民和加工业者生计的政策、所有可能对水产品国内价格产生影响的政策，如规定最低进口价格、关税等都应被视为经济援助。此类"经济援助"具体是指市场价格支持措施、直接收入支持措施、间接价格支持措施以及其他支持措施。

经济合作发展组织渔业委员随后又展开了另一项研究，即"向负责任渔业转型"（Transition to Responsible Fisheries）。其对渔业补贴的研究，集中在成员方政府对渔业部门的财政转移方面（Government Financial Transfers，GFTs）。认为渔业补贴可以定义为在政府实行本国（地区）渔业政策时，干预渔业生产活动所付出的资金总额，既包括中央政府的干预，又包括地方政府的干预。针对海洋捕捞这个渔业的子部门，根据转移的执行方式，渔业补贴可以分为三个主要部分：（1）直接支付，包括对渔民的价格支持、收入支持、失业保险等；（2）降低成本的转移支付，包括减免燃油费、贷款担保、船舶更新补贴等；（3）一般服务，指政府预算中用于渔业管理的补贴，包括用于运行费用、科研费用以及资源增殖、发展渔港和港口自由停泊的费用等。这里的政府财政转移既包括向渔业提供的"预算内转移"，又包括"预算外转移"。由此可见，经合组织对渔业补贴的定义超出了资金明显地从国库转向渔业行业这一范围。

（三）世界贸易组织（WTO）

世界贸易组织对补贴的定义可能是目前被引用得最多也是在实践中用得最多的一种定义。由于渔业的特殊性，它并未列入乌拉圭回合达成的《农业协议》（Agreement on Agriculture）中，而是被纳入《补贴与反补贴措施协议》（Agreement on Subsidies and Counter-vailing Measures，《SCM 协议》）里。此协议明确指出，如果"一国政府或一个成员方境内的公共机构提供了财政捐献（Financial Contribution）"，而且这种捐献符合某些特定的条件，或者说"存在 GATT1994 第十六条意义上的任何形式的收入或价格支持（Income or Price Support）"，那么就存在补贴。按照此定义，低息贷款、免税、渔船回购计划，以及其他的直接所得补贴等均属于渔业补贴的范围。

（四）世界银行（World Bank）

世界银行曾经委托麦莱佐（Milazzo）对渔业补贴作了调研。麦莱佐在 1998 年发表了《全球渔业补贴再考察》（Subsidies in World Fisheries：A Reexamination）。这是迄今为止有关全球渔业补贴总量研究的最为全面的报告之一。麦莱佐的研究主要以世贸组织《补贴和反补贴措施协议》为分析框架，把补贴分为六大类：（1）预算补贴：国内援助；（2）非预算补贴：国外准入；（3）非预算补贴：政府贴息贷款和税收优惠；（4）跨行业补贴；（5）资源租补贴；（6）养护补贴。

（五）亚太经合组织（APEC）

亚太经合组织根据补贴在渔业部门的作用机制将补贴分成了六大类：（1）对渔民和渔业工人的直接援助，包括收入支持项目、失业保险等；（2）贷款支持项目，包括贷款担保、补贴性贷款等；（3）税收优惠和保险支持项目，包括燃料税收减免、渔船的保险和再保险项目等；（4）资本和基础设施支持项目，包括造船厂、渔港建设，渔船的更新和现代化等；（5）营销和价格支持项目，包括水产品促销项目、市场价格支持等；（6）渔业管理和保护项目，包括渔船、许可证回收，渔业管理，渔业研究和开发等。

二、世界主要经济组织对渔业补贴的行动与规划

自古以来，由于渔业资源被认为是取之不尽的自然财富，因而渔业补贴常常被当做扩张渔业生产能力、增加国民财富的有效手段。第二次世界大战以后，在政策和经济因素刺激下，渔业捕捞加工技术不断进步，生产能力不断扩大，世界渔业捕捞产量迅速攀升。到 20 世纪 70 年代，世界年捕捞量达到 600 万吨，之后总捕捞量再度增加，在 1996 年达到最高值 9380 万吨，出现了严重的渔业资源的过度捕捞问题。

20 世纪 80 年代末 90 年代初，各主要渔业国均陷入比较严重的渔业不景气，许多种类的渔业捕捞活动停止，一些国家出现了严重的渔业劳动力失业问题。世界捕捞渔业不景气的原因，一方面是过度的捕捞使渔业资源日益枯竭，另一方面是无序的竞争使渔业生产效益不断下滑。严峻的现实使相关国际组织和各国政府重新探讨渔业补贴及其作用。各个国际经济组织纷纷开展了对渔业补贴的研究，并通过一系列国际条约来规范各国的渔业补贴行为，逐步削减和取消不利于渔业资源可持续利用和扭曲国际市场价格的补贴，保留有利于削减捕捞生产能力、促进渔业结构调整的补贴。这其中以世界贸易组织和联合国粮农组织最为著名。

（一）世界贸易组织的观点

1. 谈判历史

自 1994 年世贸组织成立不久，世贸组织下属的贸易与环境委员会（CET）就开始讨论补贴在渔业领域所起的作用。虽然贸易与环境委员会研究渔业补贴问题时日已久，但直到 1999 年以后，在

世贸组织的所有论坛中，渔业补贴问题才成为讨论的热点议题之一。1999年，澳大利亚、冰岛、新西兰、菲律宾和美国联合向世贸组织贸易与环境委员会提交了一份提案，敦促各国政府在世贸组织框架下实现逐步取消有害于环境和扭曲贸易的渔业补贴。2000年10月，贸易与环境委员会就这一议题展开了广泛讨论。2001年11月，世界贸易组织第四届部长级会议在卡塔尔首都多哈举行，会议针对下一轮世贸谈判拟定了一份工作计划。在所有行业中，渔业被单独提及，并要求改进世贸组织纪律，以便更好地对渔业补贴予以约束，渔业补贴纪律正式成为此组织新千年贸易谈判议题之一。《多哈部长会议宣言》第28段在"WTO规则"标题下，要求成员澄清和改进（Clarify and Improve）渔业补贴规则。这一授权使渔业补贴问题的谈判从贸易与环境委员会转移到"规则"（Rule）谈判组，从而为实质上改变渔业补贴规则铺垫了道路。2003年9月墨西哥坎昆部长会议期间关于渔业补贴的讨论情况反映在由2003年7月7日在日内瓦举行的贸易与环境委员会例会通过并提交给此次部长及会议的报告中。2005年于中国香港召开的世贸组织部长会议强烈建议收紧补贴纪律，取消导致捕鱼能力过剩和过度捕鱼的补贴。2007年，世贸组织渔业补贴问题谈判组主席发布了一份关于渔业补贴规则的草案，此草案建立了对各种补贴的纪律，包括一般应予禁止的补贴，同时规定了可以例外的情况，这些例外的情况主要是对科研、减少捕鱼能力、减轻渔业对环境的影响的补贴。此外还包括允许发展中国家在一定条件下使用禁止性补贴。

2010～2011年，世贸组织贸易委员会接受了大量的新提案，这些提案反映并详述了已完善建立并区分的成员立场。但是，截至目前，渔业补贴谈判或多或少仍处于2008年年底的水平，各成员方的立场仍非常坚定。渔业补贴谈判仍面临两个严峻的挑战，其一

即谈判的主要组成部分——禁止、一般例外条款、发展中国家特别
待遇和差别待遇及渔业管理等均是独立的。这些内在联系的组成部
分需要谨慎平衡，且对一个组成部分进行调整将要求对其他部分做
相应的调整。其二是谈判过程中的一些基本术语和概念的范畴和定
义缺乏共识，而这些术语和概念在某些情况下具有高度的技术性，
且与一个产业有关，而这个产业相对于世贸组织而言是个新产业。
报告指出，在将执行解决方案的责任置于其他成员方身上时，绝大
多数谈判应关注如何将任何原则对成员方自身活动的影响降至最
低，而非寻求建立集中并接受一个合适水平的原则以有效解决这些
问题。成员方如果继续过分关注如何保护各自短期的防御利益，则
渔业补贴谈判的进展将依旧缓慢。

2. 现有成果

2007 年，世贸组织发布《关于反倾销和反补贴协议主席文本
草案》（Draft Consolidated Chair Texts of the AD and SCM Agree-
ments, 2007），渔业补贴的谈判成果写在附件Ⅷ里，共 8 条。从规
范的方式来看，现有文本体现了从上至下和从下至上的妥协，对禁
止性补贴和补贴的例外分别在第Ⅰ条和第Ⅱ条进行了详细的列举。

第一，禁止性渔业补贴的范围（自然灾害情况下除外）。

（1）对渔船或服务船的取得、建造、维修、更新、现代化改
造而进行的补贴，包括对造船和造船设备给予的补贴。

（2）对于向第三国转让渔船或者服务船而给予的补贴，包括
通过与第三国的合作者建立合资企业。

（3）针对渔船或者服务船的经营成本提供的补贴（包括经营
执照费或者类似费用，燃料费、冰费、鱼饵费、人员费、社保费、
保险费、机械和海上支持费用）；或者针对野生鱼类产品的卸货以
及在港口或者临近港口处的加工、处理给予的补贴；或者为这类船

只或者活动的运营损失提供的补贴。

（4）针对港口基础设施或者其他具体的港口设施提供的补贴，以及特别针对海洋捕捞捕鱼活动的补贴（如针对卸鱼设备、鱼类仓储设备、在港或近港加工设备的补贴）。

（5）对于从事海洋捕捞业的自然人或者法人给予的收入支持。

（6）对于捕获的野生水产品的价格支持。

（7）为了获得在另一国政府有管辖权的渔区内捕鱼的权利而支付的补贴。

（8）针对任何涉及非法捕鱼、未报告捕鱼或不受管理捕鱼的捕鱼船提供的补贴。

另外，该文件还特别明确，凡是对于从事捕捞那些已明显处于过度捕捞状态种群的渔船或捕捞活动的补贴均视为禁止性补贴。

第二，规定了渔业补贴的例外。

（1）专门用于提高捕捞船或服务船和船员安全的补贴，但这类补贴必须满足以下条件：不涉及新船的建造和收购；不增加任何捕捞船或服务船的海洋捕捞能力，如不增加船舶吨位、鱼承载量、机械动力等，不会对这些船舶的回收运营产生影响；依照安全标准对船舶做出的改善。

（2）专门用于下列活动的补贴：采用选择性的捕鱼技术；为了减少捕鱼活动的环境影响而采用其他捕鱼技术；为实现渔业资源的可持续利用和保护而遵守渔业管理制度的行为。

（3）弥补人工成本的补贴。这包括：专门用于对渔民进行的再教育、培训或安置的补贴，以使其从事与捕鱼不相关或不直接相关的行业或活动；为实施减少捕鱼能力的政府政策而专门为渔民提前退休或永久退出此行业提供的补贴。

（4）为渔船退役或降低捕捞能力而给予的补贴。条件是：受补贴渔船不能在任何地点、任何时间从事捕鱼活动；受补贴渔船的捕捞许可权等其他权限永久性取消且不能再次配置；受补贴渔船的船主需放弃与此船或捕捞许可权相关的任何索赔。

（5）补贴纪律不应阻止政府将特定捕鱼配额分配给仅有有限捕鱼权或者专属配额限制的个人或者群体。

第三，对发展中国家的特殊条款和差别待遇。

最不发达国家（Least-Developed Country，LDC）不受"禁止性渔业补贴条款"限制。对于其他发展中国家的规定如下：

（1）发展中国家对其近海非机械化的海洋捕捞所提供的补贴不应被禁止，上述捕捞活动应满足以下条件：①在个人基础上的渔业活动，包括家庭成员或有组织的团体的活动；②除去一小部分的贸易利润外，捕捞所得仅供渔民及其家庭消费；③开展的各项活动不存在实质性的雇主与雇员的关系。

（2）提供给总长度不超过 10 米或者 34 英尺的甲板船，或者任何长度的无甲板渔船的补贴不应被禁止。

（3）对仅在某一成员方的专属经济区内捕捞可确定的目标鱼类的捕鱼船给予的补贴不应被禁止，条件是：这些目标鱼类已经按照国际标准经过了评估，证明捕捞能力没有超过这种鱼类的可持续水平，同时评估也已经经过了联合国粮农组织相关机构的同行评审。

（4）对于根据协议在其他发展中国家的专属经济区内捕鱼的行为给予的补贴也不应该禁止，条件是：如果获得捕鱼权所依据的协议是公开的，并且包含防止过度捕捞、能够确保海洋渔业资源的可持续利用和保护的条款，以及执行上述条款的技术指南和行动计划。

（5）应考虑到发展中国家在补贴规则的遵守和实施中的需求，

为其提供技术性援助。

第四，补贴的使用纪律。

草案提出，任何成员方都不得因为补贴的使用，而导致对资源的耗尽或损害，或导致捕捞能力的过剩。成员方应严格遵守该草案。

第五，补贴的管理。

关于补贴的管理，草案规定：任何成员方只要提供本草案所涉及的补贴，就应该建立渔业管理体系，管理其管辖范围内的海洋捕捞活动，防止过度捕捞。此管理体系应以最佳国际实践守则为基础，确保海洋物种的可持续利用和保护。任何成员方都应该能够随时答复其他成员方有关其渔业管理体系的问题。

（二）联合国粮农组织的观点

1. 研究和协调过程

联合国粮农组织渔业部有关渔业补贴的工作由其渔业政策及规划司负责协调。在 1992 年，此组织就曾经指出，渔业补贴对捕捞业有负面影响。粮农组织渔委会（COFI）在 1999 年举行的第 23 届会议上明确提及此组织在分析这些影响方面的作用。基于这一授权，粮农组织渔业部重点开展了两个方面的渔业补贴工作：一是在政府间组织内促进渔业补贴研究的合作和协调。二是从事有助于改进对渔业补贴影响的技术性工作，其中包括：（1）组织关于经济激励和负责渔业的专家磋商会；（2）开发可供渔业补贴研究使用的技术性工具，即编写识别、评估和报告渔业补贴的指南；（3）提供可供未来实证研究和分析工作采用的参考术语；（4）组织一次关于渔业领域使用补贴的政府间组织技术磋商会。

1999 年以来，在所有主要的相关国际会议上，粮农组织渔业

部都通报了其在渔业补贴方面所开展的工作。2000 年 11 月 28 日
至 12 月 1 日期间，粮农组织渔业部组织召开关于经济激励和负责
任渔业的专家磋商会，在渔业部为专家磋商会准备的材料中，有当
时正在进行的有关渔业补贴及其影响的研究活动的详细目录和相关
文献。此次会议开展了四项"案头研究"（Desk Study），其中包括
考察补贴类型和定义。会议要求专家为补贴下一个操作型定义，并
提供有助于了解补贴效果的经济上实用的方法。与会专家未能提出
可供衡量、分析和政治辩论采用的渔业补贴专用定义，在已被广泛
引用的补贴定义中也未发现恰如其分的定义。鉴于此，与会专家建
议进一步界定渔业补贴类型，以便推动对渔业补贴的衡量、分析和
讨论。专家们同时认为，尚缺乏有关渔业补贴对水生资源的有害影
响的实证证据，而有关补贴数量和补贴对贸易影响的现有知识也是
非常有限的。粮农组织渔业部还分别于 2001 年、2002 年和 2003
年各召开了一次政府间组织特设会议，专门讨论与渔业补贴有关的
工作计划，以便为有关各方提供一个相互交流观点与信息、讨论彼
此间合作与协调的论坛。

　　作为对关于经济激励和负责任渔业的专家磋商会所得出的结论
的回应，依据粮农组织渔委会在 2001 年提出的建议，渔业部编写
了《识别、评估和报告渔业领域补贴的指南》（*Guide for Identif-*
ying, Assessing and Reporting on Subsidies in the Fisheries Sector，
FOA438），以便协助政府和研究机构开展渔业补贴研究。

　　2. 现有成果

　　《识别、评估和报告渔业领域补贴的指南》（以下简称《指
南》）终稿经粮农组织在 2002 年 12 月举行的第二届专家磋商会上
讨论后被采用。《指南》严格遵循了关于经济激励和负责任渔业的
专家磋商会所确立的原则，是目前为止粮农组织在渔业补贴领域最

权威的出版物。《指南》旨在为从事渔业补贴研究和报告编写人员提供一种实用而又灵活的工具，因此并未具体分析补贴对渔业资源和水产品贸易的影响，其主要内容为如何收集和整理渔业补贴研究所需数据，其中包括如何对渔业补贴予以定义、分类和量化以及如何调查渔业补贴的提供过程。

《指南》为补贴下了一个宽泛的定义，即包括所有对捕捞行业有影响且有"经济价值"的"政府作为"或"不作为"。其中，"经济价值"被定义为"对渔业行业的成本和收益有影响的某事或某物"，而"作为或不作为"则被界定为"正常习惯以外的某事或某物"，即"一般不适用于其他行业的某事或某物"。关于补贴究竟是"好"还是"坏"，《指南》并未提供任何价值判断，只是将补贴视为"增加或降低行业收益和成本的政府作为或不作为"。《指南》定义了四种补贴类别：（1）直接财政转移（Direct Financial Transfers），如投资补助、安全设备补助、渔船报废计划、股本注入、收入保证计划、灾害救济支付、价格支持、直接出口激励等；（2）服务和间接转移（Services and Indirect Transfers），如优惠投资贷款、贷款担保、港口和上岸设施、为在他国水域入渔而向他国政府提供的入渔费、政府资助的研发计划、国际合作与谈判、燃料税免除等；（3）管制（Regulations），如进口配额、外国直接投资限制、环境保护计划、渔具管制、化学品和药品管制、渔业管理等；（4）不干预（Lack of Intervention），如自由入渔、不采取污染控制措施、不采取管理措施、不执行现有规章等。

关于如何量化渔业补贴，《指南》推荐了两种相互补充的补贴价值衡量方法：一是基于对政府的成本（收益）；二是基于对行业的价值。两种方法往往是互不相同的，对于渔业补贴影响分析，后一方法可能更为适用。此外，《指南》就如何更为详细地考察补贴对行业利润的影响，如何运用其介绍的方法来收集信息和开展比较研究，如何描述补贴以及如何撰写补贴报告提供了建议。

粮农组织在 2002 年举行的专家磋商会对《指南》终稿进行了审定，建议支持《指南》的应用，并开展有关补贴影响的分析和实证研究。在粮农组织渔委会第 25 届会议上采纳了上述建议，要求渔业部加快有关补贴对渔业资源可持续和渔业可持续发展影响的研究，同时提到了捕捞能力过剩和非法、不报告和不管制（IUU）捕鱼问题。

三、主要渔业国家的渔业补贴政策

渔业补贴作为一项重要的渔业经济政策和手段普遍被世界各国所采纳，它在支持、促进一国渔业资源开发、生产、加工及出口竞争力上发挥了巨大的作用。据国际组织保守测算，世界渔业补贴总额超过 300 亿美元，占捕捞渔货产值的 20%～25%。渔业补贴种类繁多，形式各异。世界各国根据本国具体渔业情况采取了不同的渔业补贴政策和措施。

（一）美国

美国的渔业补贴历史长、规模大。1640 年左右，马萨诸塞州渔民就开始享受等同于补贴的军役免除以及渔船和渔具税免缴待遇。19 世纪中期，联邦政府成立了美国鱼类与渔业委员会（the U. S. Fish and Fisheries Commission），标志着美国联邦政府资助渔业科学研究的开端。20 世纪 20 年代以后，美国政府不断资助新型水产品和鱼类加工技术的研制和开发。1937 年，美国政府首次对水产品实施价格支持计划，并为此拨付了专门的资金。50 年代开始通过各种形式开展水产品促销活动。之后，美国政府开始免费向私营部门提供捕捞设备。美国 1960 年出台了"渔船建造差别性补贴计划"。从 1957 年开始，美国设立并启动了"渔业贷款基金"，通过为渔船建造欠款提供还贷资金来鼓励船队扩张。此项目演变为目前的"渔业财政计划"，其贷款用途也从专门的船只建造，扩大到维修、设备和捕鱼执照的购买。1960 年，美国制定了"船只抵押保险计划"，为渔船建造贷款抵押提供保险。

1970 年开始启动的资本建造基金，以一种隐含的政府无息贷款方式来提供渔业补贴，即允许渔船船主推迟缴纳打捞作业所得税。1976 年美国将渔业管辖权扩展到 200 海里后，实行了"以资源换市场"政策，即允许外国渔船在美国管辖海域捕鱼，但这些国家必须允许美国水产品进入其国内市场。1988 年渔业多边协议的生效，即由美国联邦政府出面，向 16 个南太平洋岛国支付入渔费，以入渔费换取入渔权的做法，使美国相关渔船能进入某些太平洋海域，甚至是某些专属经济区进行作业。美国还为远洋船队提供直接的资金补贴，以提升其船队在公海上的竞争力。

美国与大多数国家一样，经过一段时间的扩张性渔业政策之后，渔业的捕捞能力与渔业资源的持续利用之间的矛盾逐渐突出。因此转而采取压缩性渔业政策，希望能借渔船回购计划对海洋捕捞进行控制，从而达到延缓渔业资源衰退的目的。这些方案包括压缩西北太平洋大马哈鱼船队（起始于 1976 年）、新英格兰底栖鱼类船队（起始于 1995 年）以及白令海和阿留申群岛捕蟹船队（起始于 1999 年）的捕捞能力。上述方案均由美国联邦政府提供资金支持。美国在渔业方面的科技投入，从成立鱼类与渔业委员会起就不曾间断。1996 年，美国开始实施"国家海洋资助项目"，资助 200 余所既定的大学开展多方面研究，研究范畴涉及环境、资源保护和长期经济发展战略等。经过一段时间的渔业扩张后，美国已不再鼓励捕捞量的增长，更注重对渔业补贴的限制，补贴重点向渔业科研投入、渔业管理和海洋执法方面转移，并且通过"渔民救急基金""渔业灾难转移援助计划"等提供保险方面的补贴，形成有效保障，建立起一套较完备的补贴体系。

目前美国渔业补贴的数额有下降趋势，但其特点很明显：控制过度捕捞，恢复渔业资源；经济与社会科学研究资金逐年增加，更加关注民生；渔业统计、调查和监测项目资金始终维持在较高比例，重视资源的跟踪和调查，有利于实施渔业资源管理；产品质量与安全项目资金比重大，重视产品的质量和监管；不仅重视资源的可持续利用，还兼顾到生态环境保护和经济发展的平衡。

（二）加拿大

加拿大是渔业补贴规模相对较大的国家之一。较具有代表性的渔业补贴措施始于第二次世界大战时期的"渔船援助计划"，目的在于资助渔民购买船只。随着捕捞能力逐步提升、渔业资源衰退明显，此计划于1986年废止。加拿大渔业价格支持委员会也是在第二次世界大战期间设立的，主要目的是消除鱼价波动，维持水产品市场价格的稳定。1951年，加拿大联邦政府出台"渔民失业保险制度"，1953年启动了"渔船保险计划"，解决了渔民想要获得渔船保险必须缴纳额外的保险费用的问题，对渔民的人身财产安全保障具有重大意义。1955年，加拿大联邦政府颁布了《渔业改良贷款法案》，旨在为渔民提供小额商业贷款。此法案给出的最高单项贷款额度达15万美元，减小了渔民资金周转的压力。1978年修订的《小企业贷款法案》代替了此法案，对渔民的贷款帮助也随之加大。

20世纪70年代末期以前，加拿大联邦政府渔业补贴的主要目的是扩张渔业的生产和加工能力，增加产量。当意识到过度捕捞问题后，加拿大联邦政府渔业补贴的重点转移到扭转过度捕捞现状、实现海洋渔业的可持续发展方面。80年代末，加拿大联邦政府实施了收入补贴和资源调整计划。1986年，为了维持和恢复处于衰退中的鲤鱼渔业资源，实施了许可证回购计划。90年代中期以后，加拿大联邦政府不再对大西洋底层捕捞增产提供支持，转而支持海水养殖、新品种转化和高附加值产品开发。实行许可证退休计划，使相当数量的商业捕捞许可证回购，保护了渔业资源和生态环境的可持续发展。新补贴削减了捕捞能力，但同时也带来了社会问题。为了确保因渔业资源危机而受影响的渔民、渔船主生计和渔区社会经济发展，1990~1998年，加拿大政府实施了许多援助性计划或战略，其中包括："大西洋渔业调整计划""北部鳕鱼调整及复原计划""大西洋底栖鱼类战略"。试图通过渔民培训、渔民退休和回收许可证措施帮助个体渔民和渔业社区转产专业；减少渔民受大西洋底层鱼类危机的不利影响，促进渔民就业和转业渔民的再就业，缓解渔民失业问题；同时维持失业渔民和鱼类加工厂工人的收入水平，以及提供渔业科研经费。为实施这些计划，加拿大政府支付了高达30多亿美元的资金。加拿大在海洋科研和渔业管理层面的投入也耗资巨大。其中，"渔业促进计划"用于加强渔业执法力度；"渔业资源评估项目"用于支持渔业资源评估、预防养殖鱼类传染病、保证养殖业可持续发展。海洋与渔业部代表加拿大联邦政府实施计划促进海洋和淡水渔区经济、生态和科学的发展，建立和管理渔业数据库，促进渔业资源的可持续利用。总之，补贴构成了加拿大渔业的重要特征。加拿大联邦政府将削减捕捞能力、渔民安置、渔业社区社会经济发展作为一个完整的系统来处理，利用补贴削减捕捞能力，缓解过度捕捞问题，以实现渔业经济的可持续发展。

（三）挪威

19 世纪中叶挪威政府开始赞助渔业科研活动，组织渔业专家测评渔业产量的波动并为渔民提供建议，被视为挪威渔业补贴的开端。1933 年挪威政府设立了挪威国家渔业银行（Norwegian State Fisheries Bank），以优惠利率和分期偿还的形式向购买或改造渔船和购买鱼类加工设备的渔民提供贷款。1935 年，挪威开始向渔民提供紧急援助性的无息贷款。1938 年，挪威政府将鱼获物离船销售的专卖权授予销售合作社，1959 年开始向渔民提供特别补贴。1964 年，挪威政府与挪威渔民协会达成了《捕捞业船长协议》，规定政府专项补贴一年协商一次。此协议的主要目的是确保渔民获得的工资等同于陆地工人的工资，协议内容包括收入措施（如价格支持、保险补贴和运营补贴）、社会计划（如最低收入保障、休假支持和失业保险）、杂项支持（如饵料补贴、渔具补贴和损害赔偿）、结构及效率支持措施（如渔船回购计划、试验渔业和市场支持）。这些补贴措施在 20 世纪 90 年代中期被逐渐废除。

在 20 世纪 80 年代以前，为扩张渔业生产能力，挪威的渔业补贴一直呈上升趋势。从 70 年代末期开始，随着 200 海里专属经济区制度的实行，挪威的渔业政策发生了重大变化，在保护渔业资源的基础上获取稳定的可持续最大产量，成为政府渔业管理的首要目标。因此，在 80 年代以后，挪威渔业补贴呈逐年下降的趋势，下降的主要原因是渔业资源的不可持续及其对环境的影响。1981 年，挪威政府制订了一个专门的渔船回购计划，旨在降低捕捞能力过剩的程度，到 1986 年共投入 2.3 亿挪威克郎，计划减船 25%，回购许可证的同时处理掉渔船，共减67艘，占原船数的24.7%，基本达到减少渔船以维持渔业稳定的目的。挪威还注重渔业经济发展过程中的能源有效利用，挪威的远洋船队从1989年起免缴相关税收，近岸渔船可以享受税返还政策，具体由渔民保险基金会执行。另外，挪威政府还向挪威渔民征收收入减少税、增值税和燃料税，用以支持北部地区经济的一般性计划，如交通补贴、社区补贴和教育补贴。这些构成了对渔业的"负补贴"。进入21世纪初后，挪威渔业补贴方向调整，主要财政转移支付和补贴重点支持渔业资源的可持续利用。

（四）冰岛

冰岛的渔业补贴拥有很长的历史，1893年政府银行（the Government bank）开始向渔民提供购船贷款。两次世界大战期间，为鼓励渔业发展，政府直接对基础设施投资，包括修建港口和灯塔，这些设施当时主要服务于捕捞业。1905年，冰岛设立了一项特殊的政府渔业基金，作为渔民购买渔船和渔具的贷款来源之一。1934年，冰岛政府成立了鲱鱼理事会和捕捞业理事会。前者负责控制冰岛的鲱鱼捕捞、加工和国际贸易活动，而后者则协助渔业行业开发新产品、新的捕捞技术和寻找新的市场。1939年和20世纪70年代，冰岛政府先后两次使用汇率政策，通过克朗贬值，提高冰岛水产品出口的竞争地位。从70年代起，通过征收出口税，冰岛政府设立了多种无须政府财政提供资金的基金，包括渔获量均衡基金、渔船资本化基金、渔船油价稳定基金、渔船保险基金、渔业贷款基金、地区发展基金。上述基金支持渔民改善旧渔船或购买先进渔船，平稳柴油价格，支付大部分渔船的保险费，为鱼类加工厂和渔船提供投资资金，向购买冰岛产渔船的渔民提供优惠利率贷款。

1979 年，冰岛政府实施了一项价格支持计划，目的是鼓励渔民捕捞尚未得到充分利用的鱼类种群。80 年代以后，冰岛渔业补贴开始被限定在税收优惠、贷款担保及临时贷款方面。1978 ~ 1998 年，冰岛持续开展了渔船回购项目。此项目资金最初来源于鱼类产品出口税、之后主要来源于鳕鱼配额许可证收入。此项目开始时致力于支持现代化船队的建设，之后逐渐将重点集中在限制和减少过度捕捞。

从总量上看，冰岛的渔业补贴力度要稍逊于其他渔业国家。其主要原因是，虽然冰岛渔业在其国民经济中占有重要地位，渔业也是冰岛的主要出口产业，然而冰岛政府没有大量的财政盈余以支持渔业发展。尽管冰岛政府出台大量支持渔业发展的政策，但是其渔业发展的资金主要来源于渔业行业内部而非财政资金。

（五）日本

日本拥有国土面积 10 倍以上的 200 海里专属经济区，海洋面积大，渔业产业发达。而政府对渔业产业的重视、渔业补贴也是世界上最多的。据环境保护组织 Oceana 估计，日本是全球最大的渔业补贴国家，每年渔业补贴高达 53 亿美元。考虑到自身利益，日本在世贸组织（WTO）关于渔业补贴的规则谈判中一直主张"不作为"态度，不主张对渔业补贴进行特殊的规范，认为倘若要对现行的补贴规范进行检讨，则应针对所有部门，如果只针对渔业部门会打破 WTO 补贴体制甚至是整个 WTO 体系的完整性。直到 2004 年 6 月才在规则谈判小组会议上提交了一份相关提案，改变了先前的立场：要求重点讨论确实成问题的补贴，例如，容易导致生产能力过剩及违法、私自或任意捕捞等行为的补贴，并认为发达国家小规模捕鱼应该享有类似的豁免权。目前，日本渔业补贴项目的预算，大约是 70%的基础建设、27%的政府一般服务、3%的渔区补贴，且渔区补贴主要用于振兴渔村、活化渔村、社会福利转移等方面。此外，出于减少捕捞努力量的目的，1986 年、1992 ~ 1993 年，日本先后实施了控制产能的渔船回购计划，主要内容是：（1）渔业现代化基金利息补助。此项目旨在以更先进的管理带动渔业结构的调整，以中小型渔业产业结构为主。（2）永续渔业发展基金补助。政府部门与民间组织为促进渔业的可持续发展，共同出资执行某些特定项目。"促进鱼群增加、持续水产资源、重建渔业群落、保育沿岸环境以及渔业人口的加入以确保食物来源的持续供应，补助也被用来改进分配、加工及水产品的消费，以确保安全有效的实物供给"。

（六）英国渔业补贴

早在 17 世纪，英国就专门授予捕捞专营权来刺激大西洋加拿大沿岸的渔业开发。认识到过度捕捞问题后，英国政府积极实施渔船和捕捞许可证回购计划。1993 ~ 1998 年，英国政府和欧盟为此项计划共投入 5300 万英镑。据统计，到 1995 年英国已经减少了渔船总吨位 7%。2008 年，英国与欧盟达成协议，欧洲渔业基金社会（EFF）援助对英国的执行方案，将优先支持：适用捕鱼船队的措施；渔业与水产品的养殖、加工和销售；涉及共同利益的措施；渔区的可持续发展；技术支持。为实现此目标，英国和欧盟确定了在趋同目标区域和非趋同目标区域的年度资金数量和各自优先支持项目在 2007 ~ 2013 年的资金分配。英国对渔业产业的支持主要来自渔业金融指导计划（FIFG），2001 ~ 2006 年，FIFG 方案预期的预算支出中，所占比例最大的是船只退役计划，其次是加工销售支出。英国与欧盟达成的协议和 FIFG 有利于实现渔业资源和捕捞的可持续平衡，增强渔业结构的竞争力，提高市场供应和水产品的附加值，致力于水产和养殖区域的振兴。此外，英国实施全面福利模式。此模式最大特征是农村社会保险以统一的形式覆盖了所有的农村社会成员，无论其经济地位和职业状况如何，年满 65 岁都可以获得统一金额的基本养老金。除基本养老金之外，政府还提供广泛和优厚的公共补贴制度，它与农村社会保险一起构成平等程度高、保障标准高的社会保障体系。

从上述国家的政策演进可以看出，发达国家并未放弃补贴政策，而是在政策上做了调整，呈现出以下发展趋势：一是控制补贴总量，调整补贴结构。大部分财政投入都用在服务类项目，即基础设施建设、渔业研究、管理和执行费用。二是减少对贸易造成扭曲的补贴，加强补贴政策的透明性和规范性。建立相对成熟的渔业补贴政策和社会保障体系来维护渔业的可持续发展。三是控制渔业生产能力、提高渔业部门盈利能力。这些措施既防止了过度捕捞，又在一定程度上提高了渔业部门的利润，保障了渔民生活，实现了生态环境保护和经济发展的平衡。

第二节　中国的渔业补贴

一、我国渔业补贴的现状

我国渔业补贴制度的目标是随着渔业经济的发展情况不断进行调整的，但总体方向是十分明确的，那就是通过财政补贴、税收优惠等手段，保障渔民收入，促进市场繁荣，发展现代渔业，促进中国渔业产业升级，保护中国渔业资源环境，实现可持续发展。

（一）我国渔业补贴的主体

目前，我国的渔业补贴主要包括中央和地方政府的财政预算内基金投入、中央政府转移地方政府专项资金和中央政府的专项事业费支出。中央一级补贴的发放主体包括国家农业部（渔业局）、发改委、财政部、交通部（海事局）、国土资源部（海洋局）、科技部、环境保护部等。以行业管理部门农业部（渔业局）为主，其他各个部门从各自的管辖领域出发做补充，形成中央一级多层次多领域的渔业补贴主体体系。与中央一级相同，地方各级也形成了以农业（海洋渔业）厅局为主，发改委局、财政厅局、科技厅局、环保厅局等配合的渔业补贴主体体系。不同的是，因为各级海事局、海洋局为中央直属单位，在地方属于业务协调部门。除了以上中央和地方政府各级行政部门外，我国渔业补贴的主体还包括如中国农业发展银行、中国渔业协会等具有政府背景的公共服务机构。

（二）我国渔业补贴的范围

从广义来讲，渔业补贴范围包括对象范围和领域范围。

按照联合国粮农组织渔委会对"渔业行业"的定义，渔业补贴的对象范围包括：渔业和水产养殖业部门的所有生产性子部门，具体包括各种投入行业（包括运输和其他支持服务）、捕捞渔业、水产养殖业、加工业和市场营销业。在实践中，我国侧重于对捕捞业从业者和渔业捕捞企业的补贴和支持。这也是本章讨论的重点。

渔业补贴的领域范围包括：以激励生产或销售为主要内容的生产销售领域；以渔业生态修复和资源养护为主要内容的生态控制领域；以帮助渔业从业者渡过暂时难关为主要内容的风险保障领域；以实现渔业领域政府公共服务为主要内容的公共服务领域。具体包括以下几种：

（1）政府对行业的直接支付。如渔业管理补贴，用于养殖业的科研或品种改良资金补贴，远洋渔业开发新渔场补贴，渔业油价补贴，开拓国际市场或"走出去办企业"的前期补贴等。

（2）服务和财产的间接转移。如渔船燃油免税或差价补贴，减收捕捞渔民各类渔业费，减免渔业税和农业特产税，渔业企业所得税减免，远洋自捕鱼进口免征关税，多种政府贴息贷款，如渔业企业技改、新产品开发贷款贴息、养殖贷款贴息、水产龙头企业贷款贴息等。

（3）对渔业有影响的一般性政策或计划。如捕捞渔民转产转业补贴，海洋渔业开发和科研补贴，渔船或捕捞许可证的赎回补贴，渔民的教育培训和渔业科技推广投资，检疫、防疫及质量控制补贴，发展水产养殖的补贴，渔港建设补贴等。

（三）我国目前主要的渔业补贴类型

1. 渔业基本建设项目支出

目前，渔业基本建设项目支出在中央财政对渔业的总投入中占比最大。以 2012 年为例，当年中央财政对渔业的总投入达到 98.58 亿元，其中用于渔业基本建设项目的支出就达到 89.33 亿元。这些项目包括：水产原良种场建设项目和遗传育种中心项目；县级水生动物防疫站项目和水生动物疫病监控中心项目；渔政类项目，包括建造渔政执法船艇、建设渔政基地及配套设施等；渔港类项目，包括建设中心渔港和一级渔港；水生野生动物保护区项目；农业综合开发项目；海洋渔船更新改造项目。

2. 渔业资源保护和渔政管理补贴

中央和地方财政均安排部门预算内专项资金和专项转移支付资

金用于渔业资源保护和渔政管理。这其中包括农业生态环境保护（渔业节能减排）、渔业统计、渔业国际交流与合作、水生野生动物资源保护费、动物疫情监测与防治经费、农产品质量安全监管（水产品质量安全监管）、渔政管理、渔业生产损失救助、海洋渔业资源调查与探捕、渔业种质资源保护、渔业资源增殖放流、海洋牧场建设、扶持"菜篮子"产品（水产品）生产等。

3. 渔业柴油补贴

2006 年开始，我国开始实行渔业柴油补贴制度。当国家确定的成品油出厂价高于汽油 4400 元/吨、柴油 3870 元/吨时，启动补贴机制。当低于上述价格时，停止补贴。柴油补贴是我国当前最大的一项渔业补贴政策，2011 年我国的渔业油价补贴资金超过 200 亿元。但我国的渔业油价补贴政策还存在惠及面欠广的问题，例如，目前国内渔运船还没有被纳入渔业油补的范围，占渔民群体大多数的雇工渔民享受不到渔业油补政策带来的好处。

4. 渔业保险补贴

渔业是国际公认的高风险行业。近年来，中国渔业互保协会积极探索"互助保险合作"发展模式，中央财政也对政策性渔业保险实行了专项补贴。从 2008 年起至今，中央财政每年安排 1000 万元的渔业财政专项资金，用于渔业政策性保险试点项目。地方财政对渔业保险也有相应的投入。2007 年浙江省落实省财政专项补贴资金 2600 万元，全省约 12 万渔民、1.3 万艘渔船船东享受到政府的政策性财政保费补贴，2008 年浙江省政府正式把政策性渔业保险纳入农业保险范畴，并出台了《浙江省政策性渔业保险补贴专项资金管理暂行办法》。福建省 2010 年渔业政策性保险省级财政补比例由 2009 年的 20% 提高到 30%，市县补贴比例为 10%。江苏省财政 2009 年对参加渔业保险试点的投保渔民给予的补贴比例是 25%。

5. 渔民转产转业补贴

从 2001 年开始，我国开展了海洋捕捞渔民转产转业工作。国家财政对捕捞渔船报废拆解、渔民转产转业培训、海洋牧场建设等项目进行支持。中央财政中一直有用于减船转产和渔民培训的专项资金支持，2007～2012 年中央财政用于减船转产和渔民培训的专项资金支持分别为 9330 万元、7520 万元、2450 万元、1500 万元、2900 万元、430 万元。随着我国渔船"双控制度"的深入实施，这一政策的效果逐渐显现，政策目标基本达到，故此中央财政的此项支出近年来不断下降。

（四）我国渔业补贴的规模

近年来，我国海洋捕捞业总产值稳定增长。2007 年海洋捕捞业总产值 1093 万元，2013 年增加到 1855 万元，6 年间增长了 78.54%，平均年增长率 9.22%。2013 年我国水产品出口额首次突破 200 亿美元，达到 202.6 亿美元，占世界水产品出口总额的 15.6%，水产品出口连续 12 年世界第一。随着渔业产业的发展，我国渔业补贴也呈现出以下发展趋势。

1. 渔业补贴的总量变化

2000 年以来，我国的渔业补贴总体呈现增长、回落、再增长的趋势。根据世界自然基金会（WWF）在 2001 年的统计数字，中国渔业补贴数量位列全球第十四位，总量为 5.47 亿美元。近年来，尤其是进入 21 世纪以来，伴随着对《中华人民共和国渔业法》的修正，《渔业发展计划》和《优势出口水产品养殖区域发展规划》的相继出台，中央和各级地方政府加大了对渔业的扶持和投资力度，如图 3-1 所示，2000 年中央财政对渔业的财政投入为 3.15

亿元，2006 年增长到 39.82 亿元，2008 年达到最高 133.64 亿元。2000～2006 年，渔业财政补贴增幅较缓，年均增长 52.63%。2006～2008 年增幅较大，达到年均增长 83.19%。2009 年中央财政对渔业的投入为 12.27 亿元，较 2008 年下降 90.81%。之后，渔业财政补贴规模持续扩大，2010 年和 2011 年分别增长 25.8% 和 28.4%。2012 年财政补贴规模达到 98.58 亿元，增幅达到 497%，如图 3-1 所示。

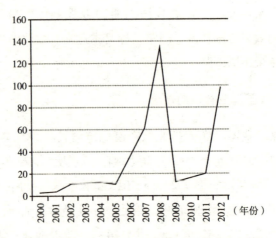

图 3-1 中央财政历年渔业补贴

2. 渔业补贴结构进一步完善

从结构来看，我国渔业补贴政策的调整方向是发展渔业经济、调整渔业结构、增加渔民收入。我国的渔业补贴是为维护渔业的可持续发展服务的，中央财政对渔业基本建设投入保持了相对平稳的水平。这些渔业基本建设项目包括水产原（良）种建设项目、遗传育种中心项目、县级水生动物防疫站项目、渔政渔港将设项目、水生野生动物保护区项目等。2012 年，我国中央财政对渔业基本建设投入达到 89.33 亿元，占当年中央财政对渔业的总投入的

90.62%，比上年增长497%。财政预算内渔业专项资金主要用于资源保护、渔政管理、海难救助、渔业资源增殖放流和减船转产、渔民培训等方面。2012年，我国财政预算内渔业专项资金投入达到9.25亿元，与2011年基本持平，如表3-1所示。

表3-1　　　　　　2006~2012年我国中央财政补贴结构

年份	2006	2007	2008	2009	2010	2011	2012
中央财政对渔业的投入（亿元）	39.82	61.41	133.64	12.27	15.44	19.82	98.58
比上年增长（%）	—	54	118	-90.81	25.8	28.4	497
基本建设投入（亿元）	4.97	4.43	4.16	6.95	9.68	8.95	89.33
比上年增长（%）	—	-10.66	-6.09	67.07	39.30	-7.54	898.10
渔业专项投入（包括转移支付，亿元）	34.85	56.98	129.48	5.32	5.76	10.87	9.25
比上年增长（%）	—	63.50	127.24	-95.89	8.27	88.71	-14.87

二、我国渔业补贴政策的局限性

我国渔业补贴政策在一定程度上改善了渔业的基础条件，维护了渔民的利益，推进了渔业产业结构的调整，加速了渔业现代化的进程。但是，我国现有的渔业补贴政策也存在一些问题。这些问题影响了补贴政策的实施效果，也限制了补贴目标的有效实现。

（一）渔业补贴效率不高

根据渔业之友2013年的渔业补贴报告，近年来世界各国对渔业的补贴规模居高不下。此组织估计，2009年全球渔业补贴高达350亿美元。其中发达国家占65%，发展中国家占35%。日本是全球渔业补贴最高的国家，其渔业补贴量占全球渔业补贴总量的19.7%，我国排第二位，占19.6%。2012 年，我国中央财政对渔业的投入达到98.58 亿元，比2011 年增长497%。从数量上看，我国的渔业补贴规模已经不小。

　　然而，我国渔业补贴结构不尽合理。按 WTO 在《补贴和补偿措施协议》（SCM 协定）中把补贴分为禁止性补贴、可申诉补贴、不可申诉补贴三类。在我国渔业补贴中，渔用柴油补贴比例过高，这类补贴会导致渔业资源衰退，应属禁止性补贴。就2011 年渔业补贴的支出结构而言，中央财政对渔业的投入达到19.82 亿元，其中基础建设投入8.95 亿元，财政专项投入10.87 亿元。而当年全国共落实渔业油价补助资金239.90 亿元。渔用柴油补贴会加剧渔业资源持续衰退，既不利于渔业产业的发展，更不利于渔业资源养护。另外，对于渔业科研、新品种改良、卫生防疫、海洋环境保护及个体渔民生活补贴的不可申诉补贴所占的比例过低。上述不可申诉补贴在我国主要包括：农业生态环境保护（渔业节能减排）、渔业统计费用、渔业国际交流与合作费用、水生野生动物资源保护费、动物疫情监测与防治经费、渔政管理、渔业生产损失救助、渔业政策性保险、海洋渔业资源调查与探捕、渔业种质资源保护、渔业资源增殖流放、海洋牧场建设、减船转产和渔民培训等。这些补贴集中反映在中央财政专项投入（包括转移支付）中。从图 3 - 2 可以看出，上述不可申诉补贴在我国渔业补贴结构中占比依然过低。我国渔业补贴结构的问题从图 3 - 3 中也可以看到。在我国的渔业补贴中，用于增加捕捞能力的补贴依然占比最大，对渔业产业有利的补贴不高，并且还存在大量有争议的补贴。

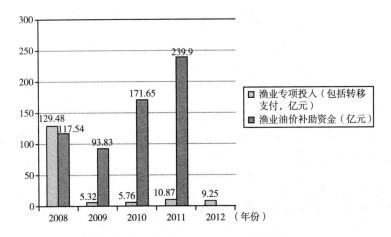

图 3 - 2　2008～2012 年我国渔业补贴结构

资料来源：根据中国渔业年鉴数据整理，2012 年渔业油价补助资金不详。

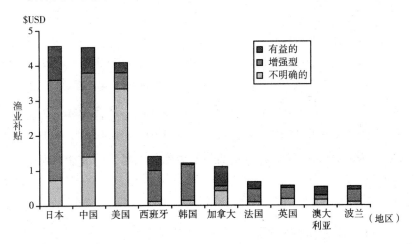

图 3 - 3　全球十个渔业补贴大国的渔业补贴情况（估计值，2009 年）

资料来源：全球渔业补贴，渔业之友，2013。

（二） 渔业补贴核算指标体系不规范

我国渔业补贴统计数据受到统计口径和制度完善程度等方面的影响，确切的补贴数据和投入效果并不明了。这与世界多数国家的情况是类似的，渔业补贴整体上具有不透明性。具体表现在各类经济统计年鉴、各级渔业主管部门的报表中，只见到较笼统的科研教育、渔政管理和环境保护、基础设施建设等指标，而对于各地实际出现的如渔船燃油差价补贴、企业技改新产品开发贴息、养殖贷款贴息等内容，大多没有详细列明。

由于没有规范的核算指标体系，容易导致指标数据不精确或重复计算，不能准确测评我国的渔业补贴水平。这不仅会影响到对我国渔业补贴的正确评估，也不利于国际间的比较，容易导致国外组织对我国渔业补贴重复估算。例如，图 3－3 显示，2009 年我国渔业补贴估计值为 45 亿美元。而我国资料显示，2009 年我国中央财政对渔业的投入为 12.27 亿元人民币，按当时汇率（2009 年度平均汇率：1 美元兑换 6.8310 元人民币）折合 1.80 亿美元。虽然当年地方财政对渔业的投入总额不详，但这一数据一定小于上述 43.20 亿美元的差异。其差额部分是国外组织对我国渔业补贴的重复估算。

三、我国渔业补贴的改革方向

由于渔业资源的恶化，渔业补贴势必经历改革。在目前的情况下，全面限制渔业补贴行为是不可能的，各国政府依然不同程度地运用补贴政策扶持渔业，以期实现渔业产业的可持续发展。我国的渔业补贴也应顺势调整。

（一）政府在管理渔业中起关键作用

渔业管理是一国行使国家主权的表现，是行政管理职能在渔业领域的具体运用。渔业管理也是执行渔业补贴纪律的必备措施。鉴于海洋渔业糟糕的状态和对渔业资源可持续利用的需要，各国学者逐渐认识到，渔业管理必须置于生态系统中，包括海洋、湿地保护区的建立。海洋渔业可持续发展所要求的生态环境保护具有明显的外部效应，这就要求政府在其管理中起关键性作用。另外，海洋渔业基础设施建设投资量巨大、投资期限长、风险大，只有通过政府的公共投资得以实现。

从实践来看，发达国家并未放弃补贴政策，而是根据本国渔业发展状况调整补贴结构。控制渔业生产能力，维护渔业资源的可持续发展；保障渔民生活，提高渔业部门盈利能力成了渔业补贴的新宗旨。我国尤其应当制定并执行符合国情的渔业管理制度，加强渔业资源管理。这些渔业管理制度应基于国际公认的渔业管理和资源保护的最佳做法，如鱼类种群协定、行为守则、公海协定和为执行这些协议的技术指南和行动计划（包括标准和预防性临界参考点）等。此制度应包含定期的科学资源评估，以及捕捞能力和努力量管理措施，包括捕捞许可证或使用费、渔船登记制度、编制和分配捕鱼权、分配专用配额给具体渔船、个人或团体以及相关执法机制；特定种群配额、季节性及其他种群管理措施；渔船监测可包括电子跟踪和船上观察员；定期如实地将渔获物和废弃物的详细数据向国家主管部门和有关国际组织报告的机制，以及与资源保护和种群恢复有关的研究和相关措施。上述渔业管理制度的实施需要国家财政的资金支持。

（二）渔业补贴结构仍需优化

从财政支持渔业优化结构上分析，中国的渔业补贴结构仍需改善，渔业补贴计划应尽量和渔业资源的可持续发展整合，渔业补贴应向着渔业资源可持续管理方向转变。

一是减少对贸易造成扭曲的补贴，加强补贴政策的透明性和规范性。渔业补贴会对贸易造成扭曲的问题一直受到世贸组织成员国的关注。逐步消除对环境有害和对贸易有扭曲作用的渔业补贴，不仅有利于渔业环境的改善，也可以消除相关国际贸易争端。

二是控制渔业生产能力、提高渔业部门盈利能力。一直以来，捕捞业都是渔业补贴的重点。但是随着资源与环境的变化，渔业补贴也应从产业发展角度进行适当的调整。捕捞业中的近海捕捞业，因近海资源匮乏，发展空间小，产业处于萎缩阶段。因此，要加强对近海捕捞业的产能压缩类补贴，限制产能发展类补贴。政府应加大绿色补贴力度，大力支持基础设施建设包括交通、市场、渔港、质量检测等设施；鼓励新技术、新品种开发；加强人才培养和科学研究；完善水产品流通和市场服务体系。加强对海洋捕捞业的管理，吸纳安置更多的转产转业的捕捞渔民，维护新的国际海洋秩序，有计划缩减捕捞能力等措施，这些也都是我国实施负责任渔业的具体体现。

三是提高渔业补贴效率，提高直接补贴比率。目前，我国渔业补贴分为直接补贴和间接补贴，以间接补贴为主，直接补贴为辅。为提高补贴的效率，未来的渔业补贴应在一定程度上由间接补贴向直接补贴调整。调整间接补贴为直接补贴的原因有：（1）直接补贴的透明度高，有利于社会监督。（2）间接补贴，尤其是现金补贴，主要集中于流通领域，对于这类补贴，自给自足的渔民往往无法有效地获得。（3）直接补贴能够减少对生产和贸易所产生的扭曲作用，同时兼顾渔民的利益，是更加自由化和市场化的政策。（4）间接补贴，如价格支持容易刺激渔民增加投入，导致捕捞能力过剩，进而破坏生态平衡，恶化渔业环境。直接补贴由于不对价格产生影响，能够避免类似副作用的出现，是实现世贸组织"绿箱"政策中环境保护计划的有效途径。

（三）建立渔业补贴核算评估体系

建立统一、规范、翔实的渔业补贴核算体系，避免各级政府渔业主管部门的不精确计算或重复计算。规范的渔业补贴核算体系能够正确评估渔业补贴资金利用率，有助于我们及时掌握渔业经济运行状况，了解渔业经济总体规模和渔业补贴对渔业产业结构产生的影响，充分发挥渔业补贴在渔业经济发展中的重要作用，为渔业科学管理和决策提供有益的参考。

第四章

近海捕捞业的银行金融

第一节　银行信贷支持近海捕捞业
发展的经济学分析

　　在所有的生产要素中，资金是产业发展的关键要素。目前我国企业的融资结构以间接融资为主，截至 2014 年年末，非金融企业及其他部门的银行贷款 61.8 万亿元，占到总债务规模的 65%。因此，近海捕捞业的发展不仅取决于本国经济和科学技术的发展水平以及渔业资源量等社会、自然条件，还取决于银行信贷资金的支持。银行信贷对近海捕捞业的支持反映了国家金融信贷组织和近海渔业生产者之间在资金融通上的互助合作关系，是国家管理、调节渔业生产的重要经济杠杆，对于优化调整渔业产业结构、增加渔民收入、维持渔业生产秩序具有重要意义。

一、理论基础

农村金融理论是金融发展理论的重要组成部分，经济学家曾经提出过各种各样的农村金融理论及政策主张来指导农村金融的实践。这些金融理论也是指导渔业信贷实践的理论基础。

渔业经济包括生产、交换、分配和消费等方面的经济活动和经济关系。渔业再生产是自然再生产和经济生产交织在一起的，其特点是投资多、周期长、风险大。因而渔业贷款的发放也就面临着自然风险和市场条件的双重制约，风险是很大的。当薄弱的渔业部门求贷无门时，政府采纳农业信贷补贴论有关信贷的政策主张，对渔业信贷进行财政补贴。但是大部分财政贴息贷款项目并没有实现覆盖贫困群体和可持续发展的双重目标，使贴息贷款陷入困境。20世纪80年代后，放松管制和金融自由化成为金融制度演进的主流，在"金融抑制"和"金融深化"理论的基础上产生了基于新古典主义发展经济学、强调市场力量的农村金融市场理论，主张确立市场机制，减少政府干预，以促进经济增长。农村金融市场理论反对政策性金融，认为垄断的市场难以有效分散风险，更不能有效配置资源，因此极力推崇市场机制。但是，1997年东南亚金融危机以后，许多经济学家对过分强调金融深化与金融自由化进行了反思。不完全竞争市场理论应运而生，提出只有在市场失灵的情况下发挥政府的作用，改善农村金融市场存在的信息不对称、市场不完全、合约不完备等缺陷。

（一）以财政补贴方式提供信贷资金——农业信贷补贴论的观点

这一理论也称农业融资论。20世纪80年代以前，农业信贷补贴论（Subsidized Credit Paradigm）一直是农村金融理论界占主流地位的传统学说。此理论是在借鉴麦金农（Mckinnon）和肖（Shau）的金融抑制理论分析发展中国家的农村金融问题的基础上形成的。

农业信贷补贴理论的前提是农村居民、特别是贫困阶层没有储蓄能力，农村面临资金不足的问题。而且由于农业的产业特性（收入的不确定性、投资的长期性、低收益性等），农业不可能成为以利润为目标的商业银行的融资对象。因此此理论主张：为了促进农业生产和缓解农村贫困，政府有必要通过提供专项贷款的方式由外部注入资金来干预农村金融市场；为缩小农业与其他产业之间的收入差距，对农业的融资利率必须低于较其他产业的利率，两者之间的差距由政府来进行补贴；鉴于金融机构在农村开展业务成本较高、风险较大，因此，还应对金融机构进行保护和监管。

农业信贷补贴论存在固有的缺陷，主要表现在：（1）如果农民存在可以持续得到廉价资金的预期，那么农民就缺乏储蓄的激励，这使信贷机构无法动员农村储蓄以建立自己的资金来源，从而农业信贷成为纯粹的财政压力；（2）当低的利率上限使农村信贷机构无法补偿由于贷款给小农户而造成的高交易成本时，那么官方信贷的分配就会偏向于照顾大农户，这使低吸贷款的主要受益人不是农村的穷人，低吸贷款的补贴被集中并转移到使用大笔贷款的较富有的农民身上；（3）政府支持的、不具有多少经营责任的农村信贷机构较少有效地监督其借款者投资和偿债行为的动力，这样会造成借款者故意拖欠贷款。

从实践来看，根据这一理论，发展中国家广泛实行了相应的农村金融政策，纷纷建立起农村金融机构，特别是专业农业信贷机构，为农民提供大量低息的政策性贷款，扩大了向农村部门的融资，促进了农业生产的增长。但由于农村储蓄动员不力，过分依赖外部资金、资金回收率低下、偏好向中上层融资等方面的问题十分严重，许多国家同时也陷入严重的困境。而农业信贷补贴政策会逐渐损害金融市场的可持续发展能力，导致信贷机构活力的衰退，这最终使农业信贷补贴政策代价高昂，但收效甚微。实践表明，农业信贷补贴理论下的专门农业贷款机构，从未发展成为净储户与净借款者之间真正的、有活力的金融中介。总体来看，单纯地从这一理论出发，很难构建一个有效率、自立的农村金融体系。但它仍是我们构建农村金融理论和提出新的政策主张不可或缺的理论基础。

（二）以市场方式提供信贷资金——农村金融市场论的观点

由于农业信贷补贴论存在很多的缺陷，20 世纪 80 年代以来，农村金融市场论或称为农村金融系统论（Rural Financial Systems Paradigm）逐渐取代了农业信贷补贴论。

农村金融市场理论是建立在金融深化理论的基础上的。此理论反对政府干预，注重市场机制，其主要理论前提与农业信贷补贴论完全相反，认为农村金融机构的主要功能是储蓄动员，充当农村经济内部的资金余缺部门之间的金融中介；农村居民以及贫困阶层是有储蓄能力的，没有必要由外部向农村注入资金，农村金融机构资金的外部依存度过高是导致其贷款回收率降低的重要因素；低利政策妨碍人们向金融机构存款，抑制了金融发展，为了发挥储蓄动员和平衡资金供求的功能，利率必须由市场机制决定，而且实际存款利率不能成为负数；评判性，没有必要实行专项特定目标贷款制度；非正规金融的高利率因农村资金拥有较高机会成本和风险费用而具有一定的合理性，不应搞"一刀切""一律取消"，应当积极引导，促进非正规金融和正规金融之间的互补，而不是行政命令下的强制替代。

由于这一理论完全依靠市场机制作用，极力排斥政府在农村金融中的控制和干预，因此，此理论在市场经济国家中占据主流地位，受到人们的广泛关注。根据哈耶克（1948）知识论中的局部知识（Local Knowledge）理念，如果政府通过其金融机构直接提供补贴贷款，由于政府不如市场主体本身更能因地制宜地利用分散的局部知识，相比市场失灵，政府失灵的程度将更大，效率将更低。因此，农业补贴只能应用于农村金融市场机制失灵的地方。农村金融市场论最终替代农业信贷补贴论的主流地位，是规范分析和实证分析的综合结果，也是农村金融实践的结果。

但是，农村金融市场论的功效并没有想象中的那么大，例如，利率自由化能否使小农户充分地得到正规金融市场的贷款，仍然是一个问题。自由化的利率可能会减少对信贷的总需求，从而可以在一定程度上改善小农户获得资金的状况，但高成本和缺少担保品，可能仍会使它们不能借到所期望的那么多的资金，因此，仍然需要政府的介入以照顾小农户的利益。在一定的情况下，如果有适当的体制结构来管理信贷，对发展中国家农村金融市场的介入仍然是有道理的。

（三）以政府干预和市场调节相结合的方式提供信贷资金——不完全竞争市场理论

20世纪90年代以来，东南亚等国家和地区发生了严重的金融危机，使人们认识到市场机制并不是万能的。对于稳定金融市场来说，合理的政府干预非常重要。农村金融理论也发生了一些新的变化，理论学者认识到要培育稳定的有效率的金融市场，减少金融风险，仍需必要、合理的政府干预。

　　经济学家们把斯蒂格利茨等人提出的金融约束理论运用到农村金融领域，形成了不完全竞争市场理论。这一理论认为，农村金融市场不是一个完全竞争市场，借贷双方之间存在着信息不对称，即放款一方的金融机构对于借款人的情况难以充分掌握（不完全信息），仅仅靠市场机制无法培育完善的农村金融市场。为此，有必要采用诸如政府适当介入金融市场以及借款人的组织化等非市场措施，来改善农村金融市场存在的信息不对称、市场不完全、合约不完备等缺陷，弥补市场的失灵。但是政府不能取代市场，而是应补充市场。

　　这一理论的主要政策建议有：一是金融市场发展的前提条件是低通货膨胀率等宏观经济的稳定；二是在金融市场发育到一定程度之前，相比利率自由化，更应当注意将实际存款利率保持在正数范围内，并同时抑制存贷款利率的增长，若因此而产生信用分配和过度信用需求问题，可由政府在不损害金融机构储蓄动员动机的同时从外部供给资金；三是在不损害银行最基本利润的范围内，政策性金融（面向特定部门的低息融资）是有效的；四是政府应鼓励并利用借款人联保小组以及组织借款人互助合作形式，以避免农村金融市场存在的不完全信息所导致的贷款回收率低下的问题；五是利用担保融资、使用权担保以及互助储金会等办法是有效的，可以改善信息的非对称性，融资与实物买卖（肥料、作物等）相结合的方法是有效的，以确保贷款的回收；六是为促进金融机构的发展，应给予其一定的特殊政策，如限制新参与者等保护措施；七是非正规金融市场一般效率较低，其改善可依靠政府适当介入加以解决。

二、近海捕捞业信贷的需求分析

对于近海捕捞业经济主体而言，信贷需求主要有以下几种用途：用于生活消费，即用于弥补由于渔户的收入和日常支出在期限、数量匹配性差异所产生的资金不足；用于生产发展，即用于满足近海捕捞业生产经营者在生产中产生的资金需求；用于弥补渔业基础设施建设上产生的资金缺口。

（一）为满足生活消费而产生的借贷需求

渔业生产具有季节性，因此渔民的收入在月度间的分布通常极不平衡。并且渔业生产易受自然灾害的影响，加剧了渔民收入的不确定性，使渔民收入在不同年份间的差异也较大。因此，对于整体收入水平较低的渔民而言，借贷是实现其收入平滑的重要手段。由此产生的借贷需求主要用于渔户日常生活支出。随着社会保障体系的建立，最低收入保障、医疗保险、救济等制度化安排的不断完善，此类信贷需求将大大减少。

由生活性支出产生的资金需求是无资金回报的，因此相当一部分渔户的资金需求对于商业金融来说并不是有效金融需求。而农村社区紧密的血缘与地缘关系形成了特有的互助合作机制，故此类资金需求主要由亲友借款实现。

（二）为满足生产性资金缺口而产生的借贷需求

长期以来，农业被视为弱质产业，因生产性资金缺口而提出的信贷需求就必然体现出季节性、长期性、反复性、风险性和零散小额等特点。有学者研究，农业生产性的重复借贷与还贷过程是农户生活的一种基本特征，因而取得此类贷款的容易程度也从根本上影响了千百万人的经济生产力和福利状况。此类贷款以商业性贷款为主。

渔业作为大农业的分支，其生产性信贷需求是巨大的。首先，渔业具有明显的商品生产特征，易于信贷渗透。信贷是社会生产高度发展的产物，反过来作用于生产商品化过程。只有商品生产才具有对信贷渗透的灵敏感应，因此信贷最适宜在商品生产中发挥有效的调控作用。农林牧渔业商品率是用来反映农林牧渔业生产中自给性生产与商品性生产的比例，也是用来反映农林牧渔业生产商品化程度和农林牧渔业生产发展水平的综合性指标。其计算公式为：

农林牧渔业商品率＝现价农林牧渔业商品产值÷现价农林牧渔业总产值×100%

与农业其他产业相比，渔业商品率高。据统计，2009 年渔业生产的商品率为 93.72%，而同期的农业、林业、畜牧业生产的商品率分别为 74.46%、60.55% 和 87.78%。商品生产对信贷的需求迫切，信贷对商品生产所产生的影响直接。所以客观上渔业生产对信贷有较强的依赖性，使渔业贷款对生产渗透具备基础条件。

其次，从近海捕捞业生产的具体情况看，渔民依靠自身积累的资本往往无法满足捕捞业技术改造、扩建或者设施设备的更新换代等对资金的需求量，一般情况下仍需贷款投资。渔民和渔业企业需要生产性信贷资金用于渔船购买，还需要修船、修网、修机器等"三修"资金以及购买燃油、机油等生产资料所需的生产性资金。

（三）为满足渔业基础设施建设而产生的借贷需求

新农村建设的重点内容是为农民提供最基本的公共产品和公共服务，满足其生存和发展的需要，涉及政治、经济、文化、社会四个领域。建设内容包括：为农民提供最基本的基础设施，不断改善农民的生存条件；为农民提供最基本的公共服务，加强义务教育、公共卫生、贫困救助、基本社会保障等方面的制度建设；改善农业、农村生产条件，培育新的支撑产业，帮助农民增加收入；以体制、机制改革为主的农村制度建设。

渔业社区的新农村建设需要加强对农村公共产品的投放，这既包括对渔业社区纯公共产品的投放，如农村基层政府行政服务、农村义务教育、环境保护等，也包括对渔业社区准公共产品的投放，如农村公共卫生、农村社会保障、水利设施、道路建设和电网改造等。

农村公共产品的提供有赖于财政等多元化资金的投入。由于纯公共产品投资以社会效益为主，无任何收益，且资金需求大，生产周期长，金融机构一般不进行商业性放贷。准公共产品的信贷需求规模大，生产周期长，但由于此类投资具有一定的收益性，因此具备获得银行信贷的基础。只要政府给予合理的政策支持，就可以发放信用贷款和担保贷款，促进渔业社区基础设施建设的发展。

三、近海捕捞业信贷的供给分析

按照与近海捕捞业企业和渔民个人发生借贷关系的对象（即放款者）的性质不同，可以把近海捕捞业信贷划分为正规金融机构信贷与非正规金融机构信贷。正规金融机构是指由政府批准成立并进行监管的金融机构，如中央银行、政策性银行、商业银行、保险公司等金融部门，它们的交易受到政府法律条例等正规制度的制约。农村地区的正规金融机构指的是以农村商业银行、邮政储蓄银行、中国农业银行、村镇银行等为主的商业性银行、法规允许的合作基金会、专业资金互助社、非银行金融机构。而非正规金融机构则是指除以上机构之外的所有从事金融和准金融活动的组织和个人，是未经政府批准或未纳入监管体系的金融部门，也称"地下金融"或者"草根金融"。本章仅研究由正规金融机构提供的近海捕捞业信贷。

（一）近海捕捞业信贷资金来源

信贷资金的来源是信贷资金供应的前提和基础。从经营主体的角度看，近海捕捞业信贷资金主要来源于农村商业银行、中国农业发展银行、中国农业银行、邮政储蓄银行等金融机构，渔户家庭，以及渔业互保协会等农村专业资金互助社。从信贷资金的性质看，主要来源于自有资金、各项存款和其他借入资金。

1. 自有资金

自有资金主要包括：（1）中国农业发展银行的自有资金。主要来源于银行设立时从中国农业银行、中国工商银行的信贷基金中的划转部分、财政部划拨的信贷基金。（2）农村商业银行、邮政储蓄银行、中国农业银行等商业性银行的自有资金，主要由股金和公积金构成。（3）渔户的自有资金。

2. 农村存款

农村存款这里指农村乡镇企业、农村集体单位和个人的存入各类金融机构的货币资金。农村存款一般可以分为活期存款、定期存款、零存整取、通知存款等类型，也可以根据来源不同分为合作农业存款、乡镇企事业存款、承包及个体户存款等。农村存款是金融机构以归还为条件吸收的农村社会闲散货币资金。渔业信贷资金离不开农村存款的支持，只有大力组织渔业存款，最大限度地积聚渔业社区闲散资金，才能保证渔业信贷资金的供应，促进渔业经济的发展。

3. 其他资金来源

除了自有资金和各项存款以外，渔业信贷资金还有其他来源。如中央银行对农村商业银行、中国农业银行、中国农业发展银行等金融机构的再贷款，农村各金融机构以发行金融债券等方式从农村领域以外借入的其他资金等。

（二）近海捕捞业信贷的供给主体

我国的近海捕捞业信贷供给主要由几个金融主体来完成：第一类是商业性农村金融机构；第二类是国家的带有产业扶持和赈济性质的政策性金融机构；第三类是合作性农村金融机构。

1. 商业性农村金融机构

商业性农村金融机构是完全以营利为目的提供各种金融产品或服务的法人代表，包括商业银行、保险公司和证券机构等。提供近海捕捞业信贷资金的商业性农村金融机构主要是商业银行。

从商业银行自身的角度说，其基本服务对象天然地倾向于大型企业，而不是进行小型投资的小型企业和农户。金融机构的投融资行为受到信息获取成本、信用评估成本、风险控制成本、网点设置成本等因素的制约。对于大型商业银行而言，当其面临大量分散客户时，其获取信息的成本很高，难以对数量众多而分散的客户群体进行信用评估和甄别工作，因此贷款的风险和不确定性增大。另外，就网点设置成本而言，与有限的预期收益、较小的客户容量相比，大型商业银行在农村地区遍布网点的成本太高，不符合成本收益核算的基本原则。因此，从 1999 年开始，四大国有商业银行大规模撤并县及县以下基层机构。此做法符合金融机构的一般行为原则，但在客观上造成了农村资金流出的消极后果，加剧了农村地区信贷资金供给不足的局面。根据金融学的一般原理，解决这一问题的途径就是扶植农村中小金融机构。2006 年 3 月 19 日，经中国银监会批准，福建、陕西和湖北三省首批试点邮政储蓄定期存单小额质押贷款业务，向城乡居民特别是广大农民提供资金融通服务，建立了邮政储蓄资金回流农村的渠道，缓解了农村资金外流的压力。2007 年中国邮政储蓄银行开业，成为农村信贷市场新的资金供给者。2007 年创立的村镇银行等新型农村金融机构也促进了农村地区多元化的银行业金融服务体系的建立。

2. 政策性农村金融机构

由于农业具有弱势产业的性质，因此世界各国政府一般都设立农业领域的政策性金融机构，以进行农业生产性投资和流通性投资。生产性投资包括扶植农业技术开发、农业基础设施的建设（包括大型水利工程、灌溉工程、农田改造以及退耕还林等）、农作物生产的直接投资（如国家在一些大型农场进行直接投资）等，这些投资主要是生产性的长期投资，以弥补农业领域长期投资和生产性投资不足的问题。流通性融资主要用于国家的农产品收购和流通领域，这种融资主要是发展中国家为保障本国的农产品供应和粮食安全而进行的。我国政策性农村金融机构是农业发展银行，它成立的目的是弥补市场机制的缺陷，起到健全和优化金融体系的作用。目前，近海捕捞业受其自然条件、操作技术水平、交通运输和市场机制等因素制约，生产相对集中在沿海发达地区，形成了明显的区域性和项目集中性。近海捕捞业的上述特点为国家产业信贷政策和区域信贷政策的实施提供了条件，便于政策性信贷资金在渔业基础设施建设和渔业产业结构调整中发挥作用。政策性金融虽然在一定程度上缓解了近海捕捞业生产性长期投资不足的问题，但对满足渔户的投资需求效果甚微，其主要原因是政策性金融的主要目标对象并不是单个渔户。因此，单个渔户基本不可能通过政策性金融体系获得信贷资金。

3. 合作性农村金融机构

合作金融机构是由各个社员投资组建的，带有互助合作的性质，其资金的用途主要用于满足社员内部的资金需求。从日常运营、管理制度和业务结构来看，我国的农村合作金融属于准政府性质，是官办金融和商业金融的混合体。目前，我国的合作性农村金融机构主要包括农村信用合作社和各种农民资金互助社。农村信用合作社是我国分支机构最多的农村正规金融机构，其分支机构遍及几乎所有的乡镇甚至农村，是农村正规金融机构中向农村和农业经济提供金融服务的核心力量。然而由于自身经营中存在的管理体制、历史包袱等问题，加上其服务内容、方式和手段不适应农村和农业经济发展的需要，农村信用合作社已经逐渐偏离了合作金融的道路，没有将从农村吸收的资金全部用于农村的经济发展，而是出于自身财务可持续发展的考虑，使资金流向相对收益高的城市或非农部门，经营中的商业化倾向严重，不能满足农民日益增长的信贷资金的需求。农民资金互助社是以一定区域内入社农户为主体并为社员提供资金融通等金融服务的互助性农民合作组织，以"自主经营、自负盈亏、为农服务、互助发展"为经营宗旨，是缓解农户发展生产资金短缺的有效途径。中国渔业互保协会（原中国渔船船东互保协会）是我国著名的合作性渔业资金互助社，于1994年7月成立，总部设在北京。2009年6月，中国渔业互保协会正式开展小额贷款的业务，通过银行委托贷款的方式发放小额贷款。此类渔业互助资金虽然规模小、起步晚，但其针对渔业金融体系的薄弱环节，引导入社渔户自愿把零散资金集中起来，形成一定规模的互助资金，加大对小额渔业信贷产品的供给，是传统渔业信贷市场的必要补充，是传统商业信贷市场之外的一种"微型融资"新途径。

第二节　近海捕捞业信贷政策与实践

一、信贷原则和信贷政策

（一）信贷原则

金融机构在开展近海捕捞业信贷业务时，需要对贷款申请人的资信状况进行评价。目前，国际上通行的"6C"原则是发放贷款的金融机构对贷款申请人重点考察方面的概括。

1. 品质（Character）

是指借款人的诚实守信或还款意愿，如果对此存有任何严重疑问，就不予贷放。金融机构可以通过查阅客户的以往还款记录、其他贷款人与此客户往来的经验以及客户的信用评级来判断借款人的品质。只有确认借款人具有对贷款认真负责的态度，才考虑发放贷款。除了与借款人长期深入的沟通外，金融机构还可以通过贷款申请人的客户、供应商、债权人和其他相关人员来了解潜在贷款者的品质。

2. 能力（Capacity）

是指借款人——无论是企业还是个人——所具有的法律地位和经营才能，这反映了其偿债的能力。从经济意义上讲，借款人的偿还能力可以用借款者的预期现金流量来测量。对于一家成熟的公司来说，其经营能力可以通过其过去的财务绩效和与同行业其他企业的比较来显示。但是对于新企业来说，由于缺乏相应的历史资料，金融机构可以重点将企业管理层的经验和教育、培训背景作为评价其经营能力的关键考虑因素。

3. 资本（Capital）

是指借款者财产的货币价值。资本反映了借款者的财富积累，是体现其信用状况的重要因素，资本越雄厚，就越能承受风险损失。在考虑资本金时，需要从总量和结构两个方面入手，即不但要考虑业主投入该企业的股东权益资本的总量，还要进行一定的比率分析，如资本金结构、资本充足率、资本金与负债比率等。

4. 经营环境（Condition）

指借款者的行业在整个经济中的经济环境及趋势。如经济周期、劳资关系、政局变化等都是考虑的内容。经营环境是相对于企业本身状况的一种外生变量。如果企业所在的行业进入萧条时期，企业本身也会受到很大的负面影响。金融机构可以通过阅读贷款申请人的信息档案以及分析宏观经济发展状况等把握企业的经营环境。

5. 抵押（Collateral）

是金融机构收回贷款的实际财产保障，是贷款申请人的第二还款来源。贷款申请人向金融机构提供抵押，可以弥补自己在其他"C"方面的弱势，以期得到贷款或优惠的利率。由于信用贷款的高风险性，在通常情况下，大部分银行贷款都是抵押贷款。

6. 连续性（Continuity）

指借款人经营前景的长短。银行可以通过预测企业产品的生命周期和目前的市场份额，前瞻性地考察企业的市场前景是否具有可持续。如果企业有很大的发展前途，那么未来的预期收益就是银行贷款偿还的保证。

(二) 信贷政策

贷款政策是商业银行为了实现其经营目标，指导和规范贷款业务、管理和控制贷款风险的各项方针、措施和程序的总称。商业银行的管理者在制定贷款政策时，需要考虑以下因素：

1. 银行的资本金状况

商业银行的资本金状况对贷款政策有重要的影响，不同的贷款有不同的风险权数，贷款业务种类的不同将影响银行的风险资产总量和资本充足性，银行必须根据自身的资本状况来贷款总量和结构，如资本金的构成、资本和贷款的比例和贷款的呆账准备金等。相比而言，资本实力较强、资本构成中核心资本比例较高、呆账准备金较为充裕的银行承担贷款风险的能力较强，反之较弱。

2. 银行的负债结构

商业银行的负债结构和负债的稳定状况也是影响银行贷款政策的一个重要因素。根据资产负债综合管理的原则，商业银行的资产和负债应该相匹配，因此，银行负债的性质、期限、利率、费用等都直接制约着银行的贷款结构。一般来说，商业银行的定期存款越多，期限越长，就可以更多地发放中长期贷款。

3. 商业银行的偏好

商业银行的偏好主要是指风险偏好和业务偏好，这依据商业银行管理人员主观的判断。如果银行注重利益且愿意承担较大的风险，在制定贷款政策时就会增加利率较高、风险较大的中长期的贷款比重，减少收益较低、风险小的短期贷款的比重。除此之外，银行往往侧重自己比较熟悉的、能够很好地对贷款对象进行分析监测的贷款领域，这样易于降低贷款风险和贷款成本。而对于新的贷款领域，银行较为谨慎。

4. 国家的宏观经济政策

一国的财政政策和货币政策会对宏观经济产生影响，进而也会影响银行的信贷情况。例如，在财政政策或货币政策紧时，利率就会提高，这样就会抑制商业银行的信贷规模。这时候的信贷就要不同于经济繁荣时的政策，这种情况下选择合适的贷款对象，顺利回收以前的贷款就显得尤为重要。

5. 经济发展状况和经济周期

银行所在地区的经济状况会对银行的贷款政策有很大的影响。在经济萧条、市场不景气时，大量发放中长期贷款会承担很大的风险。除此之外，商业银行还应该关注经济结构、产业结构和市场的变化，以随时调整贷款的结构，确保信贷资金的流动性、安全性和盈利性。

6. 环境保护与可持续发展

20世纪60年代以来，面对人类生存环境的不断的恶化，环境保护运动开始在全球范围内兴起，保护人类共同的家园成为国际社会的共识。环境保护与可持续发展已成为有社会责任感的商业银行在制定信贷政策时必须充分考虑的因素，遵循"赤道原则"、实施"绿色信贷"已经成为国际金融业的发展潮流。"绿色信贷"是指商业银行把环境保护作为一项基本政策，在信贷决策中充分考虑相关潜在的环境影响，把与之相关的环境条件、风险和成本都要融合进银行的信贷政策中去，通过对社会经济资源的引导，促进社会的可持续发展。

二、信贷机构

目前，我国农村金融体系中的信贷机构可以分为两个层面：一是传统的农村信贷机构，包括政策性银行，即中国农业发展银行、商业银行、农村信用社和邮政储蓄银行；二是新型农村金融机构，即 2006 年 12 月 20 日银监会发布《关于调整放宽农村地区银行业金融机构准入政策更好地支持社会主义新农村建设的意见》后，按有关规定设立的村镇银行、农村资金互助合作社和贷款公司。

（一）中国农业发展银行

中国农业发展银行成立于 1994 年，是中国农村金融领域唯一的一家政策性银行，组建以来，在支持农副产品收购、农村经济发展、农民增收、确保国家粮食安全方面做出了巨大贡献。然而长期以来，中国农业发展银行既要按商业化原则运作，又要执行国家的政策性业务，两种业务不分造成其资金运行混乱。目前，中国农业发展银行事实上仅承担了粮、棉、油收储贷款业务，成了粮食部门的财务主管。其业务不直接涉及农业和农户，本应承担的农业开发和基本建设贷款由于资金来源不足、业务管理不善，而以亏损的方式经营。随着新农村建设的推进，农业发展银行不断调整业务范围，进行商业性贷款产品创新，扶持农业和农村基础设施、生态环境和社会事业建设，立足于农业综合开发和产业化经营，努力成为"建设新农村的银行"。

（二）中国农业银行

中国农业银行最初成立于 1951 年，是新中国成立的第一家国有商业银行，也是中国金融体系的重要组成部分。在农村金融体制改革前，农业银行在支持国民经济发展中发挥了重要作用，承担了管理农村信用社、调节农村货币流通等多种功能，是一家以办理乡镇农村工商企业存贷款业务为主的专业银行。

1997 年后，农业银行政策性业务剥离速度加快，农业银行的经营也日益强调以利益为核心。在利益最大化和资源配置有效性原则的约束下，农行的贷款呈现"非农化倾向"。随着农村金融体制改革的推进，农业银行已完成由专业银行向商业银行的转变，业务领域、服务对象、经营机制、管理体制等都发生了深刻变化，服务对象脱离"三农"，业务重点转向城镇。目前，农行业务经营范围与其他国有商业银行基本无异，长期保持的农村金融主导地位已不复存在。

（三）农村信用合作社

农村信用合作社是由农民入股，实行社员民主管理，主要为社员提供金融服务的地方性金融组织，服务对象是农民，服务产业是农业，服务地域是农村，宗旨是促进农村经济发展。随着四大国有商业银行逐步从县域经济以下撤出，农村信用社日益成为农村金融市场最主要甚至是唯一的金融机构。然而由于种种原因，农村信用社在发展过程中面临着诸多问题，举步维艰，许多信用社长期亏损甚至资不抵债。从 1996 年起，农村信用社进行了一次力度最大、范围最广、程度最深的改革。通过产权制度、管理体制和统一法人等改革措施的实施，农村信用社的资产质量、经营状况逐步改善，不良贷款比例逐年下降。大多试点地区均选择省级联社作为省级政府管理全辖农村信用社的载体，并通过省级联社指导本地区农村信用社加强自律性管理。2007 年 8 月 11 日，海南省农村信用社联合社在海口挂牌成立，标志着农村信用社新的管理体制框架全面建立。截至 2013 年年末，全国农村信用社已经有经营网点 7.7 万个，占银行业的 36.9%；县域员工 63.2 万人，是全国唯一一类服务范围覆盖所有乡镇的银行业金融机构。在县域贷款的投放上，全国农村信用社2013年年底涉农贷款余额6.2万亿元，其中农村贷款5.5万亿元，分别比2007年年末增长2.97倍和2.91倍。其中，农户贷款3万亿元，比2007年年末增长2.57倍，占银行业农户贷款总额的66.7%。目前，农村信用社是全国法人机构最多、从业人员最多和城乡分布最为广泛的金融机构，是"三农"尤其是广大农民获得贷款支持的主渠道。

（四）中国邮政储蓄银行

中国邮政储蓄始办于1919年。新中国成立以后很长时间内，邮政储蓄业务被停办，1986年以后，在国家中央财政支出日益扩大而收入来源有所缩小的情况下，为了减少国家财政对邮政业务的补贴，同时也推动邮政体系的变革，决定在中国恢复开办邮政储蓄业务。2005年7月，邮政储蓄银行正式筹备。2006年12月，中国银监会正式批准中国邮政储蓄银行开业。邮政储蓄银行的市场定位是，充分依托和发挥网络优势，完善城乡金融服务功能，以零售业务和中间业务为主，为城市社区和广大农村地区居民提供基础金融服务，与其他商业银行形成互补关系，支持新农村建设。然而，由于中国邮政储蓄银行不对外发放贷款，因此导致其在农村地区吸收的资金不能用于农业和农村建设，造成农村资金的大量流失。

2006年3月起，中国邮政储蓄银行开办邮政储蓄定期小额存单质押贷款业务，改变了多年来邮政储蓄"只存不贷"的历史，建立了邮政储蓄资金回流农村的渠道，改变了"农村资金抽水机"的角色，成为农村信贷市场新的资金供给者。2013年，邮储银行在总行、省分行层面组建了"三农"金融部，在基层支行组建"三农"金融服务专营机构，大力提升农村金融服务能力，保障对"三农"金融服务的支撑。截至2013年年底，邮储银行各一级分行已与全国35个省、自治区、直辖市及计划单列市个体私营企业协会实现金融服务对接，累计发放小额贷款突破1300万笔、金额8100多亿元，服务客户近800万户。

（五）村镇银行

根据《村镇银行管理暂行规定》，村镇银行是指经中国银监会依据有关法律、法规批准，由境内外金融机构、境内非金融机构企业法人、境内自然人出资，在农村地区设立的主要为当地农民、农业和农村经济发展提供金融服务的银行业金融机构。

村镇银行是按照商业可持续发展原则设立的，是农村银行业金融服务体系的一个组成部分，业务品种较为丰富。村镇银行在缴足存款准备金后，其可用资金全部用于当地农村经济建设。村镇银行发放贷款应首先充分满足县域内农户、农业和农村经济发展的需要。村镇银行发放贷款坚持小额、分散的原则，提高贷款覆盖率，防止贷款过度集中。对同一借款人的贷款余额不得超过资本净额的5%，对单一集团企业客户的授信余额不得超过资本净额的10%。截至2013年年末，全国共组建村镇银行1071家，其中开业987家、筹建84家。村镇银行已遍及全国31个省份，覆盖1083县（市），占县（市）总数的57.6%。在组建的1071家村镇银行中，中西部地区达665家，占62.1%；在已开业的987家村镇银行中，有739家实现盈利；"支农""支小"为主要特色，农户贷款和小企业贷款分别达1455亿元和1825亿元，合计占比90%。

（六）农村资金互助合作组织

根据中国银监会的界定，农村资金互助社是指经银行业监督管理机构批准，由乡（镇）、行政村农民和农村小企业自愿入股组成，为社员提供存款、贷款、结算等业务的社区互助性银行业金融机构。农村资金互助社实行社员民主管理，以服务社员为宗旨，谋求社员共同利益。

农村资金互助社以吸收社员存款、接受社会捐赠资金和向其他银行业金融机构融入资金作为资金来源。其资金主要用于发放社员贷款，满足社员贷款需求后确有富余的可存放其他银行业金融机构，也可购买国债和金融债券。农村资金互助社不得向非社员吸收存款、发放贷款及办理其他金融业务，不得以此社资产为其他单位或个人提供担保。2004 年 7 月，全国首家农村资金互助社——吉林省梨树县闫家村百信资金互助社成立。截至 2012 年年末，全国已组建农村资金互助社 50 家。

（七）贷款公司和小额贷款公司

贷款公司则是经过银监会审批、准入，接受银监会监管的新型农村金融机构。根据中国银监会的界定，贷款公司是指经中国银监会依据有关法律、法规批准，由境内商业银行或农村合作银行在农村地区设立的专门为县域农民、农业和农村经济发展提供贷款服务的非银行业金融机构，是由境内商业银行或农村合作银行全额出资的有限责任公司。贷款公司可经营下列业务：办理各项贷款；办理票据贴现；办理资产转让；办理贷款项下的结算；经中国银行业监督管理委员会批准的其他资产业务。贷款公司开展业务，必须坚持为农民、农业和农村经济发展服务的经营宗旨，贷款的投向主要用于支持农民、农业和农村经济发展。贷款公司不得吸收存款，信贷额度较高，贷款方式灵活。贷款公司发放贷款应当坚持小额、分散的原则，提高贷款覆盖面，防止贷款过度集中。贷款公司对同一借款人的贷款余额不得超过资本净额的 10%；对单一集团企业客户的授信余额不得超过资本净额的 15%。2007 年 3 月 1 日，按照中国银监会新的框架注册的四川仪陇县惠民贷款公司在四川仪陇县马鞍镇开业，这是中国首家获得金融许可证的贷款有限责任公司。

小额贷款公司是由自然人、企业法人与其他社会组织投资设立，不吸收公众存款，经营小额贷款业务的有限责任公司或股份有限公司。小额贷款公司一般由当地政府或当地金融办管辖。与银行相比，小额贷款公司更为便捷、迅速，适合中小企业、个体工商户的资金需求；与民间借贷相比，小额贷款更加规范、贷款利息可双方协商。小额贷款公司在坚持为农民、农业和农村经济发展服务的原则下自主选择贷款对象。小额贷款公司发放贷款，坚持小额、分散的原则，主要面向农户和微型企业提供信贷服务，着力扩大客户数量和服务覆盖面。同一借款人的贷款余额不得超过小额贷款公司资本净额的 5%。在此标准内，可以参考小额贷款公司所在地经济状况和人均 GDP 水平，制定最高贷款额度限制。截至 2013 年年末，全国共有小额贷款公司 7839 家，贷款余额 8191 亿元，全年新增贷款 2268 亿元。

三、信贷产品

贷款是商业银行等金融机构对借款人提供的并按约定的利率和期限还本付息的一种借贷行为。这种借贷行为由贷款的对象、条件、额度、用途、期限、利率和方式等诸多因素构成。从贷款经营管理的需要出发，可以对贷款按照不同的标准进行分类。按贷款期限分类，可以分为活期贷款与定期贷款；按贷款的保障条件分类，可以分为信用贷款、担保贷款和票据贴现；按照贷款规模分类，可以分为批发贷款与零售贷款；按贷款的偿还方式分类，可以分为一次性偿还贷款和分期偿还贷款。

近海捕捞业企业和渔民能够从商业银行获得的商业贷款因各行的具体设置而有轻微差别，总结起来主要有以下两类：一类是针对个人的生产经营性担保贷款，如中国农业银行提供的农村个人生产经营贷款和农户小额贷款、中国建设银行提供的个人经营类贷款、中国银行提供的个人涉农贷款和个人投资经营贷款等；另一类是针对中小企业发放的抵押贷款，如中国建设银行提供的小企业小额无抵押贷款和中小企业购船抵押贷款、中国银行提供的流动资金贷款等。目前，专门针对近海捕捞业发放贷款的商业银行为数不多，邮政储蓄银行就是其一。2015 年此行针对近海捕捞渔业提供的贷款主要有两种：

一是渔船抵押小企业贷款。这种贷款是邮政储蓄银行向小企业法人发放的用于渔业相关生产经营活动、以渔船抵押为主要担保方式的人民币贷款，适用对象是从事海洋捕捞行业的小微客户。授信金额不超过抵押物评估价值的 70%，渔船保险金额的 100%，单户贷款金额最高 3000 万元。主要采取已办理保险的钢质渔船抵押担保方式。商务贷款额度支用期最长为 24 个月，额度内贷款期限最长为 36 个月；非额度贷款期限最长为 60 个月。

二是渔船抵押个人商务贷款。这种贷款是邮政储蓄银行向自然人发放的用于渔业相关生产经营活动、以渔船抵押为主要担保方式的人民币贷款。适用对象为从事海洋捕捞行业的小微客户。此类贷款单户贷款金额最高 1000 万元。贷款额度支用期最长为 24 个月，贷款期限最长为 36 个月；非额度贷款期限最长为 60 个月。内河运输船舶抵押贷款以借款人本人或配偶名下所有或共有的内河运输船舶抵押作为主要担保方式。

第三节　渔业小额信贷

一、小额信贷的含义与特征

（一）小额信贷的含义

小额信贷（Microcredit）是指通过一定的融资中介，按照一系列的经营原则，为具有还款能力的中低收入阶层（包括贫困户）以及微型企业提供的无须抵押担保的信贷服务。贷款一般只用于生产目的而不是用于消费目的，具有额度小、期限短、分期还款、无须担保或担保形式灵活多样、贷款成员自我组织等特征。小额信贷中的"小额"是相对的综合概念，并不仅限于"小额度"的含义。20 世纪 70 年代，小额信贷作为一种为农村低收入者提供有效金融服务和扶贫的创新模式在一些国家和地区兴起，在联合国、世界银行等多边机构的大力推动下，小额信贷的理念和小额信贷项目迅速传播到世界各地。

信贷服务在促进农村经济增长、减缓贫困等方面起着关键性作用。然而，传统的商业信贷和政府扶贫贴息贷款都遇到了资金不能真正地到达贫困人口以及贷款回收率低的问题。其根本原因在于信息不对称和担保抵押缺失导致资金供求双方风险不匹配。农村信贷市场是典型的信息密集型市场，贷款人（银行）和借款人（农户）之间信息高度不对称，金融机构面对分散、独立、无信用记录的小农户，信息服务操作成本高、风险大；农村信贷市场又是担保抵押密集型的市场，传统的担保抵押缺失，使信息不对称问题更加严重。小额信贷基于不完全竞争市场理论，强调利于借款人互相担保、互助合作、互相监督等激励机制克服农村金融市场上的信息不对称和抵押物缺失问题。

（二）小额信贷的特征

从以上对小额信贷的概念介绍中可以看出，小额信贷有以下几方面的特征。

1. 以中低收入者作为贷款对象

中低收入者是一般金融机构不能覆盖到的群体，尤其是低收入者。由于中低收入者的贷款存在额度小、风险大、无法提供担保且贷款使用监测困难等问题，正规金融机构一般不愿意或很少愿意为中低收入者提供信贷服务，这使他们在一般市场经济条件下的信贷市场中处于边缘化地位。而小额信贷就是为了解决这部分人群的信贷需求问题。

2. 原则上不需要抵押或采取灵活多样的抵押担保形式

灵活抵押条件，是为目标群体服务的关键因素之一。中低收入者缺乏正式的抵押物，如土地和房屋，担保品缺失是其获得正式机构贷款的主要障碍。小额信贷对抵押的替代通常是组成连带小组，建立小组并承担本小组成员还款责任是给成员贷款的条件，小组成员相互担保各自的贷款，这种方法能使成员之间起到相互监督和连带责任的作用。一般针对核心贫困阶层和贫困妇女的小额贷款项目多采取强制性储蓄和连带小组之间的连带压力等间接的抵押担保形式。例如，以孟加拉乡村银行（GB）为代表的乡村银行项目和行动国际（ACCION）就是这种贷款方式的"先锋"。以中低收入阶层为目标群体的小额信贷项目多采用直接担保或小组联保和直接担保相结合的形式。如印度尼西亚人民银行地方金融系统一般要求以土地作为担保，也可以存款的80%或租赁合同作为担保。

3. 鼓励贫困者储蓄

贫困者缺乏储蓄的观念是由于没有收入、没有钱，或是有少量收入但不善于理财。因此，在给予小额信贷时，要求他们定期、少量储蓄，不仅是经营机构扩大本金来源的一种手段，更是在帮助贫困者转变观念，提高理财能力。如孟加拉乡村银行（GB）是通过要求贷款者提供基金来体现这一点。有些项目采取存贷相连，先存后贷的形式，即希望得到贷款的成员必须先存款到一定比例才可以得到贷款。

4. 同政府部门保持密切合作和良好关系，得到政府各方面支持

减少贫困是发展中国家政府重要的发展目标之一，小额信贷能够缓解农村地区资金紧缺的局面，改善农户特别是农村贫困群体的信贷可得性，因此能够得到政府各方面的支持，包括资金支持、法律支持，以及各种利率、税收方面的优惠政策。

二、小额信贷是正规渔业金融的有效补充

渔业金融主要探讨捕捞业、水产养殖业以及水产品加工业的资金融通问题，渔业金融在渔业生产活动中起着十分重要的作用。渔业部门对金融服务的需求是多样性的，因此渔业金融产品和服务也不一而同。以小额信贷为特点的小额信贷仅是众多的渔业金融服务中的一种，它无法满足渔业大规模的资金需求，不能取代主流金融机构所提供的传统信贷产品。然而，渔业小额信贷能够部分地解决农村金融市场信息不对称和合约不完备的缺陷，弥补市场失灵，是正规渔业金融的有效补充。

（一）渔业小额信贷的服务对象

渔业小额信贷的服务对象主要是渔业小微企业。小微企业是小型企业、微型企业、家庭作坊式企业、个体工商户的统称。根据《中华人民共和国中小企业促进法》和《国务院关于进一步促进中小企业发展的若干意见》（国发〔2009〕36 号），中小企业划分为中型、小型、微型三种类型，其具体标准根据企业从业人员、营业收入、资产总额等指标，结合行业特点制定。对渔业部门而言，营业收入 500 万元及以下的为小型企业，营业收入 50 万元以下的为微型企业。我国的海捕捞业小微企业以小型渔船为主。小型渔船船主的资金用途包括船舶修理、修理添置渔具、购买燃油、机油等生产资料。

缺乏金融服务和资金支持一直是制约小微企业发展的"瓶颈"。根据渔业互保协会 2010 年对海南省四个市县的抽样调查，93.55% 的船东反映生产资金严重不足。渔业小额信贷旨在改善渔业小微企业生产经营环境，帮助其更好地进行风险管理、提高盈利能力，以达到提高收入、平滑消费、降低其社会经济易损性的目的。

（二）小额信贷是对正规渔业金融的有效补充

渔业小额信贷是在传统正规金融体系之外发展起来，以渔业小微企业为目标客户，向其提供小额贷款金融服务，解决小型渔船船主生产性资金不足的问题。2005 年，中国渔业互保协会对辽宁、山东、江苏、浙江、广西五省区抽样调查，船东资金不足的部分有接近一半是通过民间借贷来弥补的，最多的地区民间借贷占总借贷资金的比例已高达 90%。正规金融不愿涉足小型渔船贷款，主要原因是船东缺乏贷款审查所需的财务信息导致的信息不对称。

综上所述，渔业小微企业缺乏传统的抵押担保品、难以提供透明的财务信息和良好的信用记录，无法满足银行等正规金融机构的放款条件。而小额信贷通过团体贷款方式、充分利用大量非正规财务信息等"软信息"开展关系型借贷，降低了放款人对信贷资金管理和监督所需付出的大量信息成本，能够有效地解决借款人与放款人之间的信息不对称问题，为长期处于正规信贷市场边缘地位的渔业小微企业提供有效的金融服务，是正规渔业金融的有效补充。

三、渔业小额信贷在中国的发展实践

1993 年，中国社会科学院农村发展研究所将小额信贷模式引入了中国，小额信贷作为专用名词和金融扶贫方式开始了在中国的实验和推广。中国小额信贷经过二十多年的发展，走过了从学习个别技术环节、借鉴制度，到试图从中汲取适合中国国情的合理成分的过程，从时间上来看，小额信贷在中国的发展大体经历以下四个阶段。

第一，试点的初期阶段（1993~1996 年）。这一阶段的明显特征是，在资金来源方面，主要依靠国际捐助和软贷款，基本上没有政府资金的介入；人们重点探索的是孟加拉"乡村银行"式小额信贷项目在中国的可行性；以半官方或民间机构进行运作，并注重项目运作的规范化。1993 年中国社会科学院农村发展研究所第一次将小额信贷作为一种制度借鉴到中国，成立了"扶贫经济合作社"（简称"扶贫社"，FPC）试验点，积极探索适合中国国情的小额信贷扶贫模式和小额信贷的管理经验，帮助中国的小额信贷实现可持续发展。扶贫社 1993~1994 年为项目筹备阶段，1994 年 5 月正式发放贷款。扶贫社小额信贷扶贫的基本方法是效仿孟加拉

"乡村银行"小组贷款模式，根据中国的背景和项目区农户的情况进行了适当的改造。具体目标是希望通过试点项目来寻找信贷资金到贫困农户难、贫困农户还款难和提供信贷扶贫的机构生存难这三个问题的答案。

第二，项目的扩展阶段（1996~2000年）。这一阶段的特征是政府从资金、人力和组织等方面积极推动小额信贷，并借助小额信贷这一金融工具来实现扶贫攻坚的目标。政府认识到小额信贷对于扶贫的作用，开始采用小额信贷的方法开展扶贫，并把小额信贷推广到全国多数贫困地区，成为一种重要的扶贫到户的措施。1996年中央扶贫开发会议提出扶贫资金不仅要到县，而且要到村、到户。1998年2月国务院扶贫办召开的全国扶贫到户工作座谈会指出，从当年开始，凡是没有进行小额信贷试点的省区，要积极进行试点工作，已经进行试点的，要逐步推广，试点取得成功的，可以稳步在较大范围内推广。同年9月中共中央、国务院在做好当前农业和农村工作的通知中，对小额信贷扶贫工作提出方针，积极试点，认真总结规范，逐步发展推广。1998年10月14日中共中央十五届三中全会通过的《中共中央关于农村和农村工作若干重大问题的决定》中指出，要总结推广小额信贷等扶贫资金到户的有效做法。1999年中央扶贫开发工作大会再次强调小额信贷扶贫的作用，指出小额信贷是一种有效的扶贫到户形式，要在总结经验、规范运作的基础上，积极稳妥地推行。这一阶段标志着小额信贷在中国的一个转折点，小额信贷扶贫从由非政府组织、社会团体主要利用国外资金进行小范围试验转向了以政府和指定银行操作、以使用国内扶贫资金为主，在较大范围内推广。但它的基本目标是为实现政府扶贫任务服务，企图解决扶贫到户和还贷难问题，而没有长期持续发展的目标和措施，从这一点考虑，这类项目不能称为规范的小额信贷，而将其称为扶贫项目可能更合适。

第三，农村正规金融机构全面介入阶段（2000～2005年）。这个阶段，作为正规金融机构的农村信用社开始全面试行并推广小额信贷活动。2000年年初，中国人民银行总行出台了《农村信用合作社农户联保贷款管理指导意见》和《农村信用合作社农户小额贷款管理暂行条例》两个文件，在大部分省区农村信用合作社推行了小额信用贷款和农户联保贷款形式，拉开了正规金融机构开展和推广小额信贷的序幕。以2005年上半年为例，全国农村信用社农户贷款余额4176亿元，较年初增加了1028亿元，增幅为32.7%；小额信用贷款695亿元，比年初增加368亿元，增幅112.5%；联保贷款268亿元，比年初增加149亿元，增幅125.2%，有力地支持了"三农"经济的发展。到2005年9月末，全国获得农信社小额信用贷款和联保贷款的农户已达到7134万户，占我国2.2亿农户总数的32.31%。

第四，商业性小额信贷全面发展阶段（2005年至今）。在此阶段，国际小额信贷市场的发展和建设社会主义新农村的需要，给小额信贷在中国的发展带来了新的动力。中央监管部门鼓励民营和海外资本进入小额信贷领域，试行商业性小额信贷机构活动，中国小额信贷进入了一个新的发展时期。除了具有法人资格的正规金融组织机构以外，大量的具有法人资格的非正规金融组织机构快速发展，村镇银行、贷款公司、农村资金互助社等商业性小额信贷机构成立并开展小额信贷项目。截至2013年年末，全国共组建1134家新型农村金融机构，其中1071家村镇银行、14家贷款公司、49家农村资金互助社，在丰富和完善农村金融体系，发展小额信贷融资机制方面取得了一定成效。

从表4-1可以看出，小额信贷在我国经历了一个从"扶贫"

到"商业化"的发展演化过程,其服务对象从最初的以贫困农户为主,发展到无法满足抵押(质押)条件的一般农户和小微企业。目前小额信贷的提供机构除了非政府组织外,还包括以农村合作金融机构为主的正规金融机构和众多形式的商业性小额信贷机构。据央行数据统计,截至 2014 年年末,全国农村信用社涉农贷款和农户贷款余额分别为 7.1 万亿元和 3.4 万亿元。农业银行小微企业(含个体工商户和小微企业主)贷款客户数 25 万户,比年初增加近 3 万户;贷款余额 9749 亿元,比年初增加 1616 亿元,贷款增速 19.9%。

表 4 - 1　　　　　　　　　　小额信贷在我国发展情况

阶段	特征	运作机构	资金来源	服务对象
试点阶段 (1994 ~ 1996 年)	扶贫为宗旨	由半官方或非官方组织操作,非政府组织(NGO)主导	国际捐助、软贷款	贫困农户
扩展阶段 (1996 ~ 2000 年)	政府主导,政策性小额信贷扶贫项目开始发展	政府机构、农业银行和中国农业发展银行介入	国家财政资金、扶贫贴息贷款	贫困农户
农村正规金融机构全面介入阶段 (2000 ~ 2005 年)	"小额信用贷款"和"农户联保贷款"等商业性小额信贷业务推广和发展	以农村合作金融为首的正规金融机构介入	国家财政资金、扶贫贴息贷款、银行信贷资金	贫困农户、一般农户和小微企业
商业性小额信贷全面发展阶段 (2005 年至今)	专业化组织机构运作	商业性小额信贷机构开始进入小额信贷领域,包括小额贷款公司、村镇银行、农村资金互助社、邮政储蓄银行等	国家财政资金、扶贫贴息贷款、银行信贷资金、非银行金融机构资金	贫困农户、一般农户和小微企业

上述农户小额信贷业务是以"大农业"为背景统计的，包括种植业、林业、牧业、渔业、副业五种产业形式。我国渔业小额信贷除了体现在上述金融业务中外，还有专业资金互助社提供的专门针对渔业小微企业的小额信贷服务，这其中以中国渔业互保协会最为著名。2009 年 6 月，中国渔业互保协会在山东、广西、海南、福建、浙江 5 个省区的部分地区开展小额贷款的试点工作，通过银行委托贷款的方式发放小额贷款。放贷原则是"服务群众性渔业、用于生产性急需资金"，单笔最大限额 10 万元，共发放小额贷款7000 多万元。

四、渔业小额信贷发展存在的问题和发展方向

（一）渔业小额信贷发展存在的问题

我国的渔业小额信贷在促进渔业经济发展、渔民增收致富方面取得了明显成效。然而，其发展依然缓慢，难以满足渔业小微企业的资金需要，在资金总量、利率管理等方面还存在诸多问题。

1. 资金来源不足

相对于渔业小微企业的资金缺口，渔业小额信贷的资金供给明显不足。一方面，能够吸收存款的商业银行出于资金的安全性、效率性以及管理成本的考虑，对小额信贷业务的投资有所保留，限制对低收入人群的小额信贷支持；另一方面，无法吸收存款的小额信贷机构以资本金和捐赠资金为主要资金来源，资金不足使其小额信贷业务规模很难做大。

目前，提供渔业小额信贷的专业资金互助社以中国渔业互保协会最为著名。浙江省渔业互保协会的保费收入一直是全国各省份中

最高的，此协会早在 2007 年年初就在舟山率先开展了渔民小额贷款业务试点。浙江省渔业互保协会代表了我国目前渔业小额信贷，尤其是针对小型渔船船东的小额信贷的最高水平。

从表 4-2 中的数据可以看出，浙江省渔业互保协会的参保渔船和参保渔民的覆盖范围广，涉及绝大部分的可保渔船和渔民。此协会利用自身储备金于 2007 年发放渔业小额信贷资金 200 万元，试点工作手续简便，流程规范，进展顺利，均未出现任何违约现象。2008～2010 年发放了近千笔贷款没有出现一笔坏账。虽然渔业小额信贷违约率低，但是其发展依然缓慢。2010 年协会共发放小额信贷 5846 万元，以单笔贷款额度 10 万元计算（浙江省渔业互保协会提供的小额贷款每笔贷款的额度确定为 10 万元），仅有不到 600 渔民船东获得了贷款，相对于当年 1.2 万参保渔船和 12 万参保渔民而言，此贷款规模只是"杯水车薪"，不能满足渔民船东的资金需求。渔业互保协会小额信贷规模不足的原因是协会的信贷资金来源单一，资金规模有限。仅依靠协会储备金难以全面铺开拓展渔业小额信贷业务。

表 4-2　　　　浙江省渔业互保协会保费及小额贷款情况

年份	渔业互保费收入（亿元）	参保渔船（万艘）	占可保渔船总数百分比（%）	参保渔民（万人）	占可保人数百分比（%）	小额贷款发放总额（万元）
2007	1.46	1.20	80	12.0	90	200
2008	1.90	1.33	93	12.7	96	—
2009	2.22	1.40	96	12.5	97	1010
2010	2.59	1.40	—	12.5		5846

资料来源：根据中国渔业年鉴 2008 年、2009 年、2010 年、2011 年数据整理。

2. 严格的利率管制

与传统的商业银行一般贷款相比，小额信贷具有单笔贷款金额小、信贷管理成本高的特点，因此小额信贷利率需高于商业利率才能实现其财务的可持续性。然而，我国小额信贷业务在过去很长一段时间被视为"扶贫贷款"，受到强制约束，其利率普遍低于商业银行利率。农信社和城市商业银行发放的小额信贷利率上限分别为基准利率的2.3倍和1倍；村镇银行、农村资金互助社和小额贷款公司的贷款利率不得高于同期贷款利率的4倍。严格的利率管制致使大部分小额信贷机构的利息收入不能补偿其运作成本，无法实现自负盈亏，难以实现其财务的可持续发展。

（二）渔业小额信贷的发展方向

近年来，全球小额信贷机构的商业化经营趋势不断增强。越来越多的不以盈利为经营目标的非政府组织向追求盈亏平衡或盈利的小额信贷机构转变，小额信贷机构的融资来源中商业性融资所占比重连年提高。我国渔业小额信贷的市场化发展也使其摆脱了最初的扶贫色彩，但是，其商业化的发展远未结束，在微观主体和制度设计上仍有诸多方面需要完善。

1. 创新融资机制，引导正规金融机构对渔业小额信贷的资金投入

以农村信用社、商业银行和邮政储蓄银行为代表的农村正规金融机构能够吸收存款，但是出于资金的安全性和盈利性的考虑，往往会对渔业小额信贷资金加以控制。这些金融机构应该在业务上进行创新，针对不同的渔业小微企业提供符合其特点的融资方式。

缺少抵押担保品的渔民，适合以小组为基础的融资模式，即团体贷款。团体贷款不需要借款人提供传统抵押品，而是要求借款人自由选择组成小组，小组成员之间互相担保还款责任，形成连带责任，任一小组成员的违约都会被视为集体违约。这样就把金融机构应承担的贷后管理转嫁给了借款小组，有效解决借贷双方的信息不对称问题，降低渔业小额信贷的信贷管理成本。

对于小型渔船船东适宜以个人为基础的融资模式，其特点是要求借款人提供一定数量的抵押品，但信贷条件比一般商业贷款宽松。由于小型渔船船东缺乏财务数据等硬信息，因此适合采取关系型贷款方式，收集包括借款人的品行、管理能力以及当地市场的特征等"软信息"，作为发放贷款的依据。

2. 拓宽新兴农村金融机构的资金来源渠道

目前，我国渔业小额信贷载体既包括原有的正规金融机构，也包括大量新兴的农村金融机构，即村镇银行、小额贷款公司和农村资金互助社。要解决这部分"只贷不存"的小额贷款机构的信贷资金不足问题，就需要一系列的制度创新和业务创新。一方面，对于那些资信状况良好的小额贷款公司，可考虑其升级转型为可吸收存款的小额信贷银行，还可以通过上市、发债的方法拓宽其融资渠道；另一方面，以渔业互保协会为代表的农村资金互助社应加强与正规金融机构的合作，创新小额信贷的运作模式。其一是"委托—代理模式"，协会与银行以协议形式确定委托—代理关系，由渔业互保协会选定有较好信用的会员，委托协议银行具体发放贷款，并争取协议银行的配套资金。其二是"银行受信模式"，银行授予协会一定的信贷额度，协会直接利用这些信贷额度向渔民船东发放小额贷款并进行贷后管理，实际上协会充当了"接受贷款"和"发放再贷款"的职能和作用。

3. 利率市场化改革，保证小额信贷的可持续发展

利率市场化问题不仅仅是关系到小额信贷业务的问题，它对小额信贷机构的发展也会起到至关重要的作用。利率作为可贷资金的价格，与信贷机构的盈利性密切相关。让参与小额信贷的金融机构有利可图，是这些金融机构持续提供小额信贷的前提。利率市场化是当前金融业改革的趋势，对于小额信贷而言，就是逐步取消利率上限管制，使利率成为资金的合理价格。这是小额信贷业务商业化发展的必然选择，也是实现小额信贷机构财务可持续性的重要内容。

4. 丰富金融产品，开展多元化的渔业小额信贷服务

渔业小额信贷服务的发展应该以渔业小微企业的需求为中心，提供更多的创新型金融服务和产品，以满足客户多样化的需要。例如，浙江渔业互保协会与中国工商银行浙江省分行合作，推出牡丹渔业互保联名信用卡，通过将小额保险、小额信贷和储蓄等多种金融产品的优化组合，为渔民船东提供综合性金融服务。小额信贷产品的多元化发展不仅能满足客户多样化的需求，还有利于渔业小额信贷机构分散经营风险、增加新的利润空间。

第五章

渔船融资理论与案例

第一节 近海捕捞业中的渔船融资理论分析

一、民间金融发展与渔村经济

中国的民间借贷一直存在，20世纪90年代初，民间借贷日益发展，学者开始关注到这个问题，随着中国经济的持续增长，民间金融在深度和广度上都有了很大的进展，对经济发展的影响也越来越大。

中国沿海各地的渔业发展很不均衡，因此渔业金融的发展也是不均衡的。在经济较发达的地区，渔业民间金融也比较活跃，涌现出了各种形式的民间金融活动，渔民在融资过程中有了更多的选择。不过，渔民面对的金融市场并不是一个完美的市场，这个市场存在管制、分割，并且和非金融市场有着各种各样的联系，所以渔民的融资决策与生产、消费等各种决策是分不开的。

尽管渔民融资的具体情况千差万别，我们依然认为，渔民是在各种可行的融资渠道中进行理性选择，融资合约是选择的结果，而不是像有的人认为的那样，渔民是被迫接受了合约。在现实中，渔民从银行或信用社借贷到一部分资金，以民间借贷的形式筹集到一部分资金，民间借贷的渠道又可分为多种形式。因此，渔民实际上是在多种融资渠道中做选择（尽管有的选择是受到一定限制的），我们首先从理论上分析渔民的融资选择过程，然后用一个案例来进行深入的讨论。

二、民间金融与银行金融的边际均衡

首先，我们将渔民的融资渠道分成两大类：一类是正式的银行信贷，另一类是民间借贷。我们从资本市场均衡的视角进行分析，考察资本供给和资本需求的状况。

假设渔民的唯一借贷来源就是银行。渔民的生产函数取决于资本和劳动力。

银行的资本是有限的，要在各种用途中进行配置，假设银行决定将资金量 K 配置于渔民信贷，我们集中分析 K 的分配，银行资金的非渔业用途我们不考虑。

如果只考虑名义利率，银行资金量确定，收益自然就给定了，但是，我们国家对渔业的金融支持是有政策优惠的，银行的收益是比较低的优惠利息。

同时，信贷促进渔民生活改善，产生了社会效益，这是政府支持渔业的目的所在，这种社会效益的产生有代价的，因为这些资金本来可以使用在其他地方的。我们可以简单地假设这种社会效益相当于渔民产出的一个比例。当然，我们也知道，银行和政府在提供金融支持的过程中都是要花费成本的。

很显然，银行不会把 K 全部配置给一个渔民，如果这样配置的话，资金的边际产出太低。假定渔民的非金融投入不变，当银行资金分配给更多的渔民时，银行资金的边际回报会上升，当然，银行资金也不能配置得过于分散，以至于渔民的非金融投入无利可得（转用于其他行业更好）。存在一个均衡点，银行资金能够获得总收益最大，我们可以用数学公式进行推导：

假设每一个渔民的生产函数是：

$$q = q \ (k, \ l) \tag{5.1}$$

其中，q 是单个渔民的产量，l 是劳动力投入，k 是资本量，单个渔民的资本量等于银行配置资金总量 K 除以渔民数目 m，即 k = K/m。

银行的收益是每一个渔民的利息之和减去银行成本：

$$R_B = m \ (ki - c_B) \tag{5.2}$$

其中，R 是收益，i 是利率，c 是成本，下标 B 代表银行。

政府的收益是社会效益减去政府成本：

$$R_G = m \ [rq - c_G \ (r)] \tag{5.3}$$

其中，下标 G 代表政府，r 表示社会效益是渔民产出的一部分。r 的大小描述了社会效益是如何与渔民产出联系在一起的，这取决于很多因素，其中最重要的可能是政府的评判或行为，出于简化的目的，我们可以假定政府能够根据不同状况调整 r 的大小，以评定社会效益的大小。政府评判社会效益的方式也会极大地影响评判过程的成本，因此成本可以设定为 r 的函数。

政府在这里的作用是通过银行行为产生的，所以我们可以把政府和银行简化为一个行为主体：

$$R = R_B + R_G = m \ [ki + rq - c \ (r)] \tag{5.4}$$

其中，c 代表银行和政府产生的总成本。

渔民可以选择其他工作，因此，在渔业中获得的最低收入不能低于其他工作的工资水平 w：

$$wl = q \ (k, \ l) \ - ki \qquad (5.5)$$

我们已经给定了经济行为的一个结构，政府和银行的问题是：选择 m、r、l，使收益 R 最大化。即：

$$max. \ R = mki + mrq \ (k, \ l) \ - mc \qquad (5.6)$$

约束条件是：wl = q(k, l) - ki。

应用拉格朗日方法解这个最大化问题：

$$L = mki + mrq(k,l) - mc(r) - \lambda[wl - q(k,l) + ki]。$$

分别对 m、r、l、和 λ 求偏微分：

$$\frac{\partial L}{\partial m} = ki + rq + mr\frac{\partial q}{\partial m} - c + \lambda i \frac{\partial k}{\partial m} - \lambda \frac{\partial q}{\partial m} = 0 \qquad (5.7)$$

$$\frac{\partial L}{\partial r} = mq - m\frac{\partial c}{\partial r} = 0 \qquad (5.8)$$

$$\frac{\partial L}{\partial l} = mr\frac{\partial q}{\partial l} - \lambda w + \lambda \frac{\partial q}{\partial l} = 0 \qquad (5.9)$$

$$\frac{\partial L}{\partial \lambda} = q + ki - wl = 0 \qquad (5.10)$$

$$\frac{\partial L}{\partial i} = mk - \lambda k = 0 \qquad (5.11)$$

从方程（5.9）我们可以得到：

$$\frac{\partial q}{\partial l} = \frac{\lambda}{mr + \lambda}w \qquad (5.12)$$

结合式（5.11），得到：

$$\frac{\partial q}{\partial l} = \frac{m}{m(1 + r)}w \qquad (5.13)$$

当 r 等于零时，劳动力的边际产出等于工资率。r 等于零意味着政府的支持方式对渔业产出没有影响，实践中会不会出现这种情况，要取决于对实际政策的分析。

当 r 大于零时，劳动力的边际产出是小于工资率的。这意味着政府的支持方式使渔业的劳动力投入过多了。

在市场竞争中，渔民转移到其他行业可以获得的工资水平 w 也很重要，如果在渔业中得不到更高的收入，渔民就会停止渔业活动，转移到其他行业。当然，对长期在渔业中从事生产活动的渔民，生产技能和生活方式都已经适应渔业环境，要转移到其他行业并不容易，其他行业的收入要克服这种转移成本才能对渔民转产具有吸引力。

在金融实践中，银行并不会根据不同的渔民而收取不同的利率，而是针对所有取得贷款资格的渔民采用同样的优惠利率。在利息收益固定的条件下，极小化成本就是银行的理性选择，银行机构针对每一户渔民做调查是成本很高的。

实践中发现，银行成本最小的方式就是设置统一的门槛（如用渔船合法手续作为抵押），给每户渔民发放较小的贷款额度，这种方式成本最小，并且安全性比较高。门槛的设置牵涉到变量 m，不同的门槛要求对应着不同的渔民覆盖范围 m，如果给定配置的总资产，m 越大，每户渔民获得的资金量就越小。

一旦限制渔民的融资数量，对渔民来说，就不可能在银行解决所有的融资需求了，需要寻找民间借贷的渠道。

三、民间金融不同形式之间的边际均衡

如果只能在银行部门借贷到一部分资金，另一部分资金就要通

过民间借贷的渠道了。民间借贷的形式在各地都不一样，由于与本土具体条件交织在一起，不少民间借贷的合约都具有当地特色，渔民事实上是在各种不同的金融合约中进行选择、配置。

首先要指出的一点是，银行或信用社提供的信贷是带有政府支持性质的优惠贷款，这项贷款一般不可能满足渔民的借贷需求，由于借贷利率较低，因此，渔民应该会首先用满银行的额度，其他资金再去从市场上用更高的代价筹集。

如果不同民间借贷渠道的差别仅仅是利率，那么从渔民的角度分析就很简单，从利率最低的地方开始借贷，逐级上升，直到满足借贷需求。这就要分析和银行类似的一个决策问题：不同的民间借贷机构是怎样限定单个渔民的贷款量的？

根据实际调研，我们发现渔业中的民间借贷机构可以分成两类：一类是比较常见的、与银行类似的借贷机构，借出本金，按约定期限收取本金和利息；还有一类机构比较少见，借出本金，不收取货币利息，按照约定要收取渔民产量的一个比例作为回报，相当于一个分成合约。

第一类借贷机构面临的问题与银行一样，它必须决定把有限在资金分配给多少户渔民，每户渔民可以配置多少。这类借贷机构与当地居民有着密切的联系，很多机构就是由本地居民开办的，因此，与银行相比，具有很大的信息优势，熟悉每个来借贷的渔民的背景，可以针对每个渔民的具体状况决定贷款的数量。因此，每个渔民能够借贷的数量很可能是不同的，这是民间借贷机构和银行的一个重大区别。

机构给渔民放贷，既有收益也有成本，随着放贷数额的增加，获得的收益增加，同时，成本也在增加（风险增加、监督成本上升等），当放贷数额较少时，边际收益远远大于边际成本，增加贷款数额是有利的，逐渐增加额度，会有一个额度，在此额度内，放贷机构的边际收益与边际成本正好相等，这就是机构对此渔民的均衡的放贷额度。

以数学公式能够简明地显示借贷机构如何决定每一个渔民的贷款额度。

机构放贷的净收益为：

$$r = ki - kc \qquad (5.14)$$

渔民的收益不低于转产的工资（银行贷款资金已经给定，看作是常数），即：

$$wl = q(k, l) - ki \qquad (5.15)$$

在约束条件下，求收益最大化，用拉格朗日方法得到：

$$L = ki - kc - \lambda(wl - q - ki)$$

$$\frac{\partial r}{\partial k} = i - c + \lambda i + \lambda \frac{\partial q}{\partial k} = 0 \qquad (5.16)$$

$$\frac{\partial L}{\partial l} = w - \frac{\partial q}{\partial l} = 0 \qquad (5.17)$$

从式（5.17）可以看出，当竞争均衡时，劳动力产出正好等于竞争性的工资水平，这是没有政府干预的必然结果。

当市场均衡时，放贷的边际收益与边际成本必然相等。边际成本的具体形式取决于我们对成本形式的设定，假设放贷机构对每一个渔民的放贷成本都是一样的，或者随着放贷数额增加而增加都是合理的，但是在具体分析问题时会有所不同。

第二类放贷机构的放贷合约是分成合约，分析起来会有很大的不同。竞争条件下分成合约的理论分析在张五常的《佃农理论》中得到了出色的分析。我们假设渔民的投入包括劳动力和借贷资本，借贷资本以分成合约取得收益，就与土地分成的竞争结果类似。

假设渔民的资金都来源于这类机构，收入将在渔民和放贷机构之间分配。基于前面的分析，机构的总收益为：

$$R = mrq(k, l) \tag{5.18}$$

其中 r 是放贷机构的分成比例。

渔民的收入为：

$$wl = (1-r)q(k, l)$$

求最优化解的拉格朗日方程是：

$$L = mrq - \lambda[wl - (1-r)q]$$

求偏微分得：

$$\frac{\partial L}{\partial m} = rq + mr\frac{\partial q}{\partial m} + \lambda(1-r)\frac{\partial q}{\partial m} = 0 \tag{5.19}$$

$$\frac{\partial L}{\partial r} = mq - \lambda q = 0 \tag{5.20}$$

$$\frac{\partial L}{\partial \lambda} = -[wl - (1-r)q] = 0 \tag{5.21}$$

$$\frac{\partial L}{\partial l} = mr\frac{\partial q}{\partial l} - \lambda w + \lambda(1-r)\frac{\partial q}{\partial l} = 0 \tag{5.22}$$

如果渔民在借贷选择上确实是市场化的、竞争性的，也就是说，可以选择不同的借贷来源，同时，放贷机构也是处于竞争性的市场中，最终的结果就与固定利息的放贷方式没有区别：资源配置都是一样的，放贷的资金获得了边际产出的价值。

四、结论

渔民借贷有多个渠道，包括银行或信用社等金融机构、民间理财机构、亲友借贷及其他借贷机构。政府出于社会效益的考虑，通过银行或信用社等正规金融机构对渔民借贷给予支持，但是，银行或信用社出于成本收益结构的考虑，会在进入门槛和发放数额之间进行权衡，以实现成本最小化。理论上可以推导出这样的结果：政府的支持会导致渔民投入过多的劳动力资源，这是以损害其他产业为代价的。

渔民有更多的融资需求，不得不通过亲友借贷和民间理财机构借贷的形式筹集资金。民间理财机构的利率反映了市场上的真实借贷利率。这个利率也要与渔业中劳动力、资本等资源的边际产出相适应，因为这是市场竞争形成的。

渔民借贷的形式在各个地区有不同的形式，一种非常特别的形式是借贷资金不收货币利息，而是以分成的形式获得收益，看起来似乎金融资本直接参与了渔民的生产活动，实际上，在市场充分竞争的条件下，这种分成收益与收取利息的方式相比，并没有扭曲资源配置，反而让我们更清楚地看到借贷的利息率其实是和渔业生产的生产能力直接挂钩的。

第二节 海南渔村的政府支持融资

海南省位于我国沿海地区的南部，陆地面积不大，仅有 3.4 万平方公里，但是管辖的海域面积很大，有 200 万平方公里，占全国海洋面积的 2/3，渔业是海南省传统的重要产业。上海海洋大学海洋经济研究中心在 2014 年专门组织团队赴三亚进行了海洋渔业及其他海洋产业发展状况调查。笔者负责调查了三亚市渔业合作社的运营情况，调查主要以直接访谈的形式进行。本节的分析材料都来源于访谈和公开资料。

一、海南省三亚市的渔业专业合作社

三亚市为提高海洋捕捞的组织化程度，曾经大力提倡组建渔业合作社。这些渔业合作社的运营有的效果很好，也有效果不理想的。笔者重点访谈的是一家运营情况比较好的合作社——海榆渔民专业合作社，这家合作社受到政府的大力支持。

三亚海榆渔民专业合作社是三亚市河西区南海和榆港两大传统渔业社三亚海榆渔业专业合作社区的渔船船东自愿联合发起，以服务成员为宗旨，谋求全体社员共同致富的专业经济组织。其是三亚市规模和实力均较为突出的渔业合作社，注册登记核准开业时间为2010年10月18日。

海榆渔民专业合作社成立时有渔船54艘（其中钢质渔船48艘，木质渔船6艘），总吨位7343吨，总功率2.1万千瓦，就业劳动力858人，随着合作社的运营，也有极个别的渔民退出，据合作社成员介绍，想加入的人很多，但并非都会接纳。

二、渔业合作社的运营与融资

在合作社成立时，渔民有一些大船，但这些船不是渔民自己的，而是从三亚市国资委下面的公司租来的。当时国资委也有意把这些船出让给渔民，但一条船需要100多万元，渔民没有这个资金实力，需要融资。

合作社理事长梁亚排代表渔民寻求银行的帮助，因为渔民不能提供符合要求的抵押物遭到拒绝。最后，三亚市农村信用社同意以社员互保加上合作社担保的方式，为合作社的社员发放 500 多万元信用贷款。同时，三亚市政府为每位购船的社员提供了 20 万元的补助金。在当地政府的大力支持下，合作社实现了跳跃式的发展。

海榆合作社还有一个与其他合作社不同的地方，就是此社拥有一个后勤维修补给基地。在三亚市合资区工委、管委的大力支持下，合作社租下了海边长期闲置的一个占地 500 多平方米的旧厂房，并拓宽外场地 2000 多平方米，建立了合作社的后勤保障基地，用于堆放运送渔需物资和装配、修补渔网及防台风场所。合作社牵头向海南省和国家渔业船舶检验局申请设立了"三亚海榆渔民专业合作社气胀式救生筏检修站"，此站就设立在后勤基地，并且已经开展救生筏检修业务。

合作社的几乎所有重大项目和设施，都离不开政府的支持。

三、对渔业合作社社员的访谈

这里提供的是对合作社社员的部分访谈录音，我们认为访谈提供的信息量很大，本书仅关注其中的部分信息，把谈话录音提供出来，也许能够给读者带来更多的好处。也希望这种形式能够引起更多的人对渔业金融及其他主题的研究兴趣。

问：你那艘船是哪一年买的？

答：我这个船有十年了。

问：船是木材的还是钢材的？

答：是木船。

问：还没有换吗？

答：嗯，还没有换。而且我们的木船有十五年了。

问：十五年……那要报废了哦。

答：不报废，要修理一下。能用二十年。

问：那么那个船马力多少？

答：三百多匹。

问：你现在船上装了多少个灯啊？也是 300 个灯吗（海南三亚主要是灯围网渔船）？

答：180，那个船小。

问：那你这个灯是多少钱一个啊？

答：六七百。

问：那你资金需求量很大啊，如果没足够的钱，你会去银行贷款吗？

答：我当老板这么久了，还没贷过。

问：那还是实力很强的。

答：我造这个船，是国家给了 60 万元。这是国家给我们的，三年不要利息。

问：就是以后直接还本钱了？是哪一年开始贷给你的？

答：三年内是不收利息的，三年后才付利息。

问：那就是十年前你买这个船的时候？

答：那个时候升级嘛，我们是国家搞的第一批。

问：哦，是那个小船换大船的第一批？

答：对，是政府鼓励我们换大船，抓大鱼。

问：那十年前就开始鼓励了，很早啊。那 60 万元，你已经还了吗？

答：早就还了，搞一年就还了。

问：那效益还是挺好的。

答：60 万元，一年就还掉。

问：那十年前给员工工资也是按比例分红的吗，就是 1 万元要分二百多元（给员工）？

答：以前是凭工分。

问：那你怎么算工分呢？

答：我们有规定的，会写字、算数的，就给十五分。你会做什么工，就按那个给你。

问：按工种分的？

答：按工作能力，你什么都干，就给多一点。

问：那时候分得多，还是现在分得多？

答：现在分得多。

问：那怎么现在分这么多钱给他？

答：社会不同了嘛，现在没有人想干活了，都是给多点他才愿意给你干。

（另一人的访谈）

问：您贵姓啊？

答：林，双木林。

问：你那个船是哪一年买的？

答：2006年，差不多八年了。

问：买的时候那个船是多少钱？

答：自己造的。

问：你去造船厂造的吗？

答：对啊。

问：那时候造船厂造这样一艘船要多少钱？

答：那时候便宜。

问：那大概也要五六十万元？

答：不止，那时候好惨呢，要200万元。

问：2006年要200万元，现在更不得了啊。

答：现在搞不到了，要几百万元。

问：你那个船上有多少个灯啊？

答：400 个灯。

问：那个船马力多大？

答：305 千瓦。

问：那是每一个灯都一千瓦的吗？

答：嗯对，一千瓦。

问：多少钱一个买这个灯？

答：差不多几百元一个，五六百元。

问：那你有到银行贷款吗？

答：没有啦。

问：其实真正去银行贷款的人不多喽？

答：一般我们渔民买船的时候会贷，都还完了。造船的时候不够，还有借朋友的。

问：那朋友之间利息多少？

答：好多朋友都不要的，我跟你好都不要我的利息了，5 万元、10 万元都不要了。我们的船都是当时造好的，都是互相支持的。当时银行的钱难贷啊。

问：那现在好贷吗？

答：现在好贷。我们以前没有屋，要有屋子来抵押，现在有船了，船可以抵押了，好贷一点。

问：你那个船上请了多少个工人？

答：多了，十五个，十六个。分红也是 230～250 元，都是这样的。

问：你们那个网，捞鱼那个网，造价高吗？

答：很高啊，十几万元啊。十五六万元。

问：那质量怎么样，一个网大概能用多久啊？

答：一般没什么事，都是 3～4 年这样子。三四年后，捕鱼就不多了，别人抓两百担，你就抓一百担，要换的，三年就要换。

问：所以捞鱼这个网还是很重要的，是吧？

答：重要啊，这个网最重要。

问：那新网最好？

答：新网更好啊，新网不烂，好抓鱼。

问：那有没有可能每年都换一个网？划算吗？

答：没有这么多钱啦。

问：那一般就三年换一个？

答：两三年，你不换网，这个船就不高产的。好像我们抓一百米深，新（网）的时候下到八九十，做了两三年了，差好远咯，就下不去了，下到七十米，影响好大。旧了、烂了、有洞洞了，有时候抓一百斤能跑五十斤。

问：那下网的技术也要跟上了？

答：我当老板，我下咯。拉上来就是几个工人用机器来搞。

问：主要就是靠网，工人就是出力？

答：对。

问：那要是下网不好呢？

答：下网不好就拉不到鱼。这个就是靠老板。

问：那这么多船，老板下网的技术还是有差别吧？

答：很大，每个人技术不一样的啦。

问：就明明看到鱼在那，他下网就是拉不到？

答：不是拉不到，就是拉的少啊。

问：那平时这个合作社会不会组织大家一起讨论讨论技术啊？

答：我们有时候也会来总结一下吧。社长、副社长也会来讲一下怎么抓。

问：那他的技术讲一下还是对别人有帮助的是吧？

答：有啊，上台讲，我们每人都上台讲。每个人的能力不同嘛。

问：那出去捞鱼的时候，会大家一起商量去哪里吗？

答：没有，你自己去，想去哪里就去哪里。个人的船嘛。出去有对讲机嘛，我抓到鱼，就讲我在什么什么地方，他知道了就跑来。

问：那这一个也是相当于互相支持。

答：嗯，靠朋友，靠手机，打电话。

问：那我们这个合作社作用挺好的。

答：有疑点就讲出来嘛。

问：那万一跟他不熟，就不给他讲了？

答：他不知道我们不跟他说，我跟他不熟，怎么跟他说。就像你今天来找我，熟才讲啊，不熟怎么讲。

问：那你能不能举个例子，比如说大家一起去做什么事情。

答：如果他船不好，我们就给他讲一下啊，技术啊，工具啊，哪里需要改啊，合作社就会帮你。没钱的话，就想办法出面帮你贷款。

问：那合作社对其他人就有很大吸引力了。大家都愿意加入是吧？还有没有外人想要加入呢？

答：有，但我们不想要啊。我们已经 50 多条船了。人多太难管了。我们现在合作社很方便的。

问：听说浙江的船也到你们这边捞鱼啊？

答：多啦，全国的都过来了。浙江的、山东的、福建的、广东的、广西的、越南的。

问：那像浙江，还有沿海山东这一块有船过来，会影响到我们这一边吗？

答：这个没什么。他们是流刺网，我们是灯围网。

问：像你这个船一年可以拿到多少油补？

答：一年900元一马力，就是有30多万元。

问：还是挺有作用的，30多万元对你来说，还是可以节省不少成本的。

答：不行不行，我们的油本起码50万元以上了。所以我们不弄到100万元要亏本啊。一年要弄到100万元，还要赚20万元，那不简单的哇。不做到100万元不够本的。平常修理啊，还有人的生活啊，好厉害的。我们这个工资啊，每年要花两三万元的。灯泡啊，碗啊，绳子啊，那都要几万元的。我们这个机器大，起码配50万元，60万元都不够的。

问：那这个油钱是不是每个人差别挺大的，有的人可能出去得多，有的人可能出去得少。

答：差不多。好像他马力大，他用12吨，我们用10吨。要比他多两三万元一个月。这个比例好厉害的。

问：那你现在60岁还在做，有没有年轻人，如你的小孩，也跟着你一起做？

答：可以啊。

问：那你以后就让他接班了？

答：嗯，孩子有能力就给他。

问：那大部分都是给自己孩子做吗？

答：大部分的，一个船就是两公婆，我还就是两个孩子。

问：那有没有一个老板有两艘船，三艘船的？

答：没有啊，我们三亚没有。我们海南都没有，广东有。

问：那我看到有些登记表上，持证人和经营人不一样是怎么回事？

答：就像我造了一个船，请你来搞。做到100万元，我就跟你收钱，收20万元。

问：就是我的船给你去做，相当于出租了？

答：对。

问：那就不用出海了？

答：对啊，不出海了。有这种人的，我们海南没有。

问：现在是54个还是几个（社员）？

答：我们合作社是53个。我们是属于中间的，不是落后。他有200万元，我有150万元。

问：那基本上一年200万元是指所有鱼卖掉的这个？

答：对，总收益啊。

问：不扣除成本的？

答：嗯对呀，中等收入就是150万元这样。差一点就是80万元啦，惨的啦。

问：那比较惨的有七八个吗？

答：这个是少数，十个八个这样子。中等的多。

问：那是每年都是那些人比较差吗？

答：对啊，技术差，工人差，个人运气差，什么都差啦。出海也差。

问：你们现在请工人，有中介帮忙吗？

答：都是自己去找。

问：那大部分是本地人咯？

答：哪里都有。

问：那外地的你不认识，怎么找？

答：跟身边朋友说一说啊，如请老梁帮忙啊。好像你是广东的，就请你帮我找两个工人。

问：那现在都是男的出海吗？

答：有3个女的。

问：那女的在船上做什么？

答：煮饭啊，扫地啊，拉网啊。

问：现在不是都用机器吗？

答：机器搞上来，人拉。

问：那在船上吃饭的钱都是老板出吧，工人不出吧？

答：一起吃。老板出钱。如我们一个月做15万元，收3000元伙食费，不够的老板再贴。都不够的，起码用5000元。但是我们每天都有菜有肉吃的。反正一个月3000元，船上吃。有时候对工人好的不收，大部分要收。在船上什么都是老板的。

问：他只管自己工资，没什么带来的？

答：他没什么负担的，主要帮你干活。就算你掉了3个网，他不负责的，老板出钱。

问：因为如果这边收益不好，他就去那边了。

答：对啊。

问：但是如果这个老板做得很好，但是你做得不好，工人要到那边去……

答：看他要不要咯。

问：那大家都是朋友，不是不好处理吗？

答：没关系啦，他喜欢跑就跑。

问：这个不影响的？

答：这个没关系的，大家都知道的。他自愿去哪就去哪里，这个没什么影响。

四、简要的评述

从访谈及公开信息中，我们得知以下几个重要事项：

（1）合作社会帮助渔民融资，渔民一般在购买船只时需要借贷，平时运营时基本上不借钱。

（2）捕捞技能对绩效影响很大，合作社会交流捕捞技能。

（3）捕捞作业员工以分红的形式领取报酬，分红比例一般在每万元产值分红 200～300 元，并且竞争性很强，员工可以自由流动。

（4）渔民合作社在很多方面都得到政府的支持，包括关键时刻的融资行为。

（5）捕捞的总体效益并不差，但有约 10% 的船东绩效比较差。

第三节　福建渔村的政府支持与信用社信贷

本节提供的案例来自福建省，福建省的位置相当于我国沿海地区的中部，也是传统的渔业大省。

一、福建省东山县的渔业与渔村

东山县是全省重点渔业生产县，全县渔业人口 3.95 万人，传统渔民 2.1 万人，水产行业从业人员约 7 万人。全县共有渔港 9 个，其中国家级渔港 1 个，即大澳中心渔港；一级渔港 2 个，即宫前渔港、澳角渔港；二级渔港 2 个，即冬古渔港、岐下渔港；三级渔港 4 个，即前楼渔港、顶上渔港、古港渔港、大产渔港。全县各类渔业码头共有 47 个泊位，设计年吞吐能力达 33 万吨。

我们主要关注的是渔民的渔船融资问题。本节案例采用了另一视角，即从金融机构的视角来看待渔船融资问题。本节关于渔船融资的材料主要由东山信用联社的沈莲提供，我们的注意力集中在信用社克服政策约束为渔船提供融资服务的过程。

二、信用社的创新与渔船金融支持

东山县农村信用合作联社在省联社的指导下尝试推行试点"钢质渔船所有权"抵押贷款试点业务，钢质渔船所有权抵押贷款是对传统的贷款抵押模式的一种创新，既有效缓解了沿海渔民购建钢质渔船"融资难"问题，又拓宽了信用社支农渠道，降低了信贷风险，提升了经营效益。

（一）基本情况

钢质渔船所有权抵押贷款，是指"三证"（渔船所有权证、渔船捕捞许可证、渔船检验证）齐全的船舶所有权人在不转移船舶使用权的情况下，将船舶所有权作为抵押物向信用社申请借款。对钢质渔船的所有权等证件尚未办理完成、没法马上办理抵押的渔民，只要手续合法，可以先采用保证方式进行贷款，由借款人提供当地具有一定经济实力和信誉度的 2 ~ 3 名保证人担保，待船舶所有权等证件完整后再办理抵押。在抵押人不履行债务时，抵押权人可以依法处置抵押物，并从卖得的价款中优先受偿。

《东山县农村信用社船舶（钢质）所有权抵押贷款实施细则》的实施，是对传统贷款抵押担保模式的重大突破，截至 2008 年 12

月末，东山联社共投放贷款 10618 万元，支持购建铁壳渔船 263 艘，最小一笔是 8 万元，最大一笔是 60 万元，大部分的贷款金额位于 20 万 ~ 50 万元。

（二）主要做法

作为一项新业务品种，"钢质渔船所有权抵押贷款"在开办和推行过程中，信用社主要从四个方面入手：

（1）以规范完善制度程序为主抓手，解决渔民融资难题。

东山联社一方面主动与县委县政府沟通，提出推行钢质渔船的所有权抵押贷款的思路，得到大力的支持，并在政府的协调下，积极与保险、海洋、渔政等部门对贷款抵押物可行性合法性、风险的控制、简化贷款手续和减少费用等问题进行探讨，努力探索既让渔民借到较大数额贷款来购买钢质渔船又能确保农信社信贷资金的安全的贷款新模式；另一方面，立足渔民实际，大胆创新，突破传统贷款模式，在县委县政府关心和银监部门、人行的指导及海洋局的配合下，制定了《东山县农村信用社船舶（钢质）所有权抵押贷款实施细则》，这一套规范性程序，在全省率先推出了钢质渔船所有权抵押贷款模式：首先是借款人凭相关证件材料，直接向信用社提出书面借款申请，信贷人员对船舶证件是否齐全、合法进行审核，对借款人的生产经营情况和信用状况进行调查，并按相关管理办法进行信用等级评定。其次是贷款审查：对通过审查的申请人，以"贷款意向书"的形式进行通知，并对抵押船舶进行保险。双方签订《最高额抵押借款合同》，借贷双方在合同签订后 15 个工作日内持《抵押合同》至海洋渔业行政主管部门办理船舶抵押权登记，并根据钢质渔船的造价和借款人资金实际需求合理确定贷款金额，与借款人签订《抵押借款合同》。最后是贷款发放：审核通过后，贷款人封存《沿海内河渔船保险单》和《中华人民共和国船舶抵押权登记证书》原件，开具《抵押物品清单》给抵押人留存，正式向渔民发放贷款。

（2）根据业务进展实际情况，不断完善规范管理办法。

一是在借款期限和还款形式上，借款期限由过去的 1 年改为 1~5 年，同时借款人还可根据自身还款能力采用按月分期还款形式；二是在借款额度上，将按原规定借款额度一般借款人需有 2/3 自有资金信用社只配套解决 1/3 的资金，提高到 50%左右；三是在利率上，对钢质渔船的贷款利率一般掌握在基准利率上浮 20%～30%幅度以内，改变一浮到底的做法；四是在保险收费上，主动与保险等部门协调，保费也由原来的投保额的 3%降至 1.5%以下，同时还取消评估这个中间环节，从而为购买建造钢质渔船的每户渔民节省了近万元的费用。

在推行钢质渔船所有权抵押贷款过程中，不少渔民反映开始建造或购置钢质渔船就需通过贷款解决资金缺口问题，而钢质渔船的所有权等证件少则需 3 个月多则要 6 个月以上的时间才能办理完成，没办法马上办理抵押，也就无法及时得到资金。针对这一状况，联社又组织对《钢质渔船所有权抵押贷款实施细则》进行补充完善，提出在渔船开始建造或购买时，只要手续合法，可以先采用保证方式进行贷款，由借款人提供当地具有一定经济实力和信誉度的 2~3 名保证人担保，待船舶所有权等证件完整后再办理抵押，这种先保证后抵押的过渡性作法使《东山县农村信用社船舶（钢质）所有权抵押贷款实施细则》更加完善，真正具有可操作性，切实解决了广大渔民贷款难问题。

（3）强化业务宣传培训。

一是组织员工特别是重点渔区的信贷人员学习钢质渔船所有权

抵押贷款方面的相关知识，掌握贷款流程、认清潜在风险，并深入基层对当地渔农的资信状况进行摸底、评估，筛选重点扶持对象。

二是加大宣传力度，与相关单位联合开展"送金融知识下乡"活动，通过电视、广播等新闻媒体向广大渔民宣传钢质渔船所有权抵押贷款的相关知识，联社印制了《钢质渔船所有权抵押贷款实施办法》，办理贷款有关程序和手续等资料分发到各主要渔村广大渔民手中，联社主要领导还多次带领联社有关人员多次深入辖内陈城、城关、冬古三个主要渔区举办钢质渔船所有权抵押贷款推介会，详细介绍钢质渔船所有权抵押贷款的具体操作办法，并就贷款、保险、登记等问题，现场为渔民解疑释惑。

三是推行"阳光信贷"，改善支农服务。首先是制作了信贷员便民服务卡发放至辖内群众手中，并对信贷员服务片区进行公示，各网点公开贷款办理的条件和流程；其次是设立"阳光信贷"服务平台，由信贷员轮流值班接受客户的咨询办贷，同时进一步完善贷款申请登记制度。

（4）加强交流多方协作，强化贷中、贷后监督。

一是推行信息共享机制。船舶所有权设置抵押后，联社主动与海洋渔业行政主管部门建立贷款渔船信息共享机制，加强渔船信息沟通，分析渔业生产形势、渔船还贷情况、商议应对措施。

二是主动与海洋渔业行政主管部门协商：加强对抵押物监管，渔船所有权抵押期间，未经贷款人同意，海洋渔业行政主管部门不予受理抵押权的流转、变更及登记；根据借款人承诺，在无法按期偿还贷款本息的情况下，由海洋渔业行政主管部门负责封缴渔业捕捞许可证、暂扣已设置抵押渔船的管制，直至归还贷款本息。

三是借款人逾期未归还贷款本息，联社按规定处置抵押物，海洋渔业主管部门则可采取扣押船只、封缴三证等措施配合农信社处置，在年检期，则同时采取"限制性年检"措施，不受理年检或年检不合格；财政部门可限制补贴款项（石油价格改革财政补贴）的领取。

四是联社每月对钢质渔船所有权抵押贷款还本付息情况进行通报，督促做好借款人渔船的续保工作。

（三）下阶段的思路

要切实帮助当地渔民解决购买建造钢质渔船的资金缺口困难，尤其是解决"在建及在购船舶"抵押担保难的问题，进一步简化贷款手续、减少费用、控制风险；随着建购钢质渔船的渔民日益增加，抵押担保难又进一步凸显出来，信用社准备再推出"船舶＋造船厂＋信用社"及"船舶＋水产品加工厂＋信用社"的贷款模式，鼓励现有钢质船舶对"在建及在购船舶"参股，以缓解抵押担保难带来的资金缺口大的问题。

（1）"船舶＋造船厂＋信用社"的模式，如"在建船舶"船主在拿到造船指标后，把自有资金存入信用社，再找一家愿意合作的造船厂，造船厂的资质和资金实力得到信用社认可后，经船主、造船厂、信用社三方协商，船舶由此造船厂承建，不足资金由信用社提供贷款，造船厂为这笔贷款提供担保的模式，以此解决在建船舶融资难的问题。

（2）"船舶＋水产品加工厂＋信用社"的模式，如"在建及在购船舶"的船主把自有资金存入信用社后，再找一家愿意合作的水产品加工厂，水产品加工厂的资质和资金实力得到信用社认可后，经船主、水产品加工厂、信用社三方协商，船舶捕捞的海产品由此水产品加工厂收购，建船或购船的不足资金由信用社提供贷款，水产品加工厂为这笔贷款提供担保的模式，以此解决"在建及在购船舶"融资难的问题。

（3）鼓励现有的钢质船舶对"在建及在购船舶"参股，对现有钢质船舶对"在建及在购船舶"参股的，资金不足，可用现有船舶所有权到信用社抵押贷款。

（4）推行"信用船"评定办法。结合创建和评定信用户的工作经验，东山联社与人行共同制定"信用船"评定暂行办法，计划对辖内各主要渔区符合条件的钢质船舶评定等级。由县主管副县长任组长，人民银行、东山联社和县海洋与渔业局为成员单位组成"信用船"评定工作领导小组，按照"坚持标准，规范运作，加强监督，成熟一艘，评定一艘"的要求，坚持政府主导、银渔联动、各方配合的原则，实事求是地反映被评定对象的信用情况。被评为"信用船"的船舶，将由县"信用船"评定领导小组统一授牌，并能优先享受各级政府出台的各类优惠政策、享受比非信用船优惠的贷款利率和相对降低保险费率、最高贷款额度可达到保险金额的90%、在同等的条件下优先解决信用船资金需求。

三、案例评价

这个案例反映了渔船融资的困难所在，渔船的造价比较高，渔民的主要资产就是渔船，融资需求一般也是因为购置新船，但是渔船所有权并不能作为抵押物，因此，银行一般无法开展相关的贷款业务。东山县信用联社之所以能够创设并推广这个业务，是在政府牵头的情况下，联合多个部门采取协调措施，并出台新的相关政策，才能成功的。

从金融机构的角度来看，渔船融资其实是个小业务，涉及很多成本。此案例提供的信息也显示信用社要花费很多精力做贷款的信用审核、监督工作。因此，对大银行来说，开展这种业务是不合算的。本案例的一个重要启示，就是应该在渔村发展小型金融机构以支持当地的发展。

第六章

近海捕捞业中的民间金融与隐性金融

第一节　访谈调查基本情况

我们选择的调查对象是连云港市赣榆县下口村，赣榆县是全国著名的渔业大县，下口村是赣榆县最主要的渔业村。赣榆县共有捕捞渔船约 3000 艘，其中 800 多艘在下口村。我们组织的调查团队分为三个组，每组 2~3 个成员，根据设计好的访谈问卷，随机入户访谈，获得了 55 份渔船主的访谈记录①，访谈问题涉及渔船建造或购买、出海作业、鱼货销售等各个环节，问卷采集了 34 个指标，在面谈过程中，访谈人员还获得了许多额外的有用信息。我们特别关注了渔船主的资金筹措和使用，如表 6-1 所示。

---

① 2014 年 8 月 3 日至 7 日，笔者与上海海洋大学的韦有周、崔茂中老师，带领研究生闫成龙、潘亚楠赴赣榆县开展入户调查，韦有周老师负责联系和协调工作，我们与赣榆县财政局、海洋渔业局、下口村村委会等相关部门进行了入户前期的访谈工作，随后入户访谈，以一人提问，另一人记录的形式完成了细致的访谈工作，其中 18 份问卷是匿名的。

表 6-1　　　　　　　　　　　渔船基本情况

序号	功率（千瓦）	购置方式（1新造，0二手）	小改大（1是，0否）	购建年份	手续购买价格（万元）	船价（含机器）（万元）
1	130	1	1	2006	36	100
2	130	0	0	2012		70
3	176	1	1	2011	89	79+17
4	183	1	1	2011	80	200
5	198	1	1	2013	6.3 千元/千瓦	109+30
6	178	0	0	2010		130（含手续）
7	205	1	0	2014	6.8 千元/千瓦	110+30
8	200	1	1	2013	购130千瓦	
9	88.8	1	0	2007		
10	145	0	0	2007		
11	176	1	0	2009		120
12	88.2	1	0	2008		
13	220	1	1	2011	32	85+15
14	220	1	0	2012	100	150
15	327	1	1	2013	172	120
16	198	1	1	2010	70	120
17	300 马力	1	1	2012	130	120
18	198	1	1-木改铁	2013	120	135
19	110		1	2012		
20	190	1	0	2013	100	150
21	180	1	0	2011	7 千元/千瓦	180
22	450 马力	1	0	2008		120
23	88.2	1	0	1997		60
24	176+29	1	1	2014	6.6 千元/千瓦	150
25	237 马力	0	0	2010		120

序号	功率（千瓦）	购置方式（1 新造，0 二手）	小改大（1 是，0 否）	购建年份	手续购买价格（万元）	船价（含机器）（万元）
26	450 马力	1	0	2011		200
27	450 马力	1	380 木改铁 1	2014		160
28	400 马力	1	240 木改铁 1	2013		110 + 20
29	240 马力	1	0	2014		100 多
30	180	0	0	2013		100
31	198	1	0	2010	3 千元/千瓦	160
32	450 马力	1	380 改 1	2013		200 旧换新
33	400 马力	1	1	2012		100
34	180	1	80 改 1	2009		160
35	380 马力	1	1	2007		
36	176		0	2009	2 千元/千瓦	200
37	200	1	1	2012	6 千元/千瓦	240（含手续）
38	198	1	1	2011		160
39	300 马力	收货辅助船				
40	205	1	0	2011	60	170
41	176	1	0	2010		180
42	176	1	0	2009		150
43	180	1	0	2006		120
44	176	1	0	2009	30	120
45	88.8	1	0	2007		
46	199.8	1	0	2014	140	130
47	198	1	1	2012	100	130
48	198	1	0	2013	198 ~ 135	145
49	180	0	0	1996		
50	240	1	1	2011	130	170

序号	功率（千瓦）	购置方式（1 新造，0 二手）	小改大（1 是，0 否）	购建年份	手续购买价格（万元）	船价（含机器）（万元）
51	220	1	1	2012	120	120
52	220	1	0	2014		140
53	200		0	2014		
54	100	买船带证	0	2014		
55	176	1	0	2008		120

　　调查资料显示，约 20 艘渔船是将原来的小马力渔船改成大马力渔船，据当地渔民所说，因为马力指标的限定，要改成大船，就必须购买一部分额外的马力指标，大部分额外的指标都是由外地购入的，因此，本村的渔船越来越多、越来越大，意味着其他地方的渔船实际上在减少。据我们了解，当地渔船上的雇工有一部分就是附近村庄中原来的船东。

　　从购置渔船的年份看，最早的是 1996 年和 1997 年，各有一艘渔船，其他渔船基本上都是 2006 年之后建造，超过半数的渔船是在 2010 年之后购置的，我们调查的当年，即 2014 年，仅上半年就有 8 艘，约占渔船总数的 15%。这说明近期渔民的购船、造船的热情很高，间接反映了此地区捕捞渔民的收入应该是比较吸引人的。

　　正规渔船出海需要办理一整套合法的证件，当地人称为"手续"。在我们调查的资料中，2011 年一艘 205 千瓦的渔船手续花费了 60 万元，相当于每千瓦 3000 元，而在 2009 年只需要 2000 元，到 2013 年暴涨到 6000 元以上，2014 年已高达每千瓦 7000 元了。这足以证明捕捞渔船的盈利性。

　　捕捞渔船的盈利来源除了渔获物外，也有政府补贴的因素，下面主要从金融的视角对此加以分析。

第二节　政府的补贴

2006 年由农业部提出、财政部支持的面向渔民的燃油补贴在全国普遍实施，其宗旨是缓解燃油涨价对渔业生产的影响。2014年是燃油补贴政策实施的第九个年头。通过这次入户访谈调查，我们发现，燃油补贴的作用已经渗透到渔业发展的方方面面，深刻改变了整个产业的发展态势。但是，无论是渔民自身，还是渔业相关管理部门，都对燃油补贴政策的实际效果缺乏全面的了解（2015～2016 年油价暴跌会对此带来影响，本研究并未涉及）。

一、燃油补贴的实质是"船补"，而不是"油补"

燃油补贴政策出台的宗旨在于缓解燃油涨价对渔业生产的影响，渔民和相关的管理者都从油价这个角度去看。这就导致了一个几乎是公认的"悖论"：近海渔业资源已经严重不足，我们应该鼓励渔民转产、上岸，保护渔业资源，可是油补政策降低了渔民捕捞成本，这是鼓励渔民多捕捞，更加恶化近海的渔业资源状况。按照这种观点，油补政策就有很大的负面效果，不应该持续下去。

这个观点很有市场，在调查过程中，渔民自己也非常担心油补政策会随时停止，一些政府管理人员对这个问题也说不清楚。但是我们的调查发现，这个观点是站不住脚的。

（一）"油补"其实是"船补"

世界上公认的一份权威研究报告（Sumaila and Pauly，2007）统计了143个国家的渔业补贴状况，对渔业进行燃油补贴的国家和地区有51个，燃油补贴的具体实施方式各国并没有统一。我国的燃油补贴政策有两个很特别的地方：

一是以渔船功率为准，发放油补给船主；

二是出海作业三个月以上，就可以领取全年油补。

这两个特征非常重要，它们决定了我国的油补政策名义上是"燃油补贴"，实质上是"渔船补贴"，也就是说，在很大程度上，只要你有船，就可以领到补贴，补贴的数额是根据燃油价格来定的，但是与船的实际用油量没有太大的关系。

因此，在这个制度设计下，燃油价格上涨不再是发放补贴的"原因"，只是发放补贴的"参考标准"而已。一旦油补与实际用油量脱钩，也就不存在油补政策刺激渔船过度捕捞的这个效应了（后面机制一中有详细分析）。

实质上看，我国的燃油补贴是：给渔船主发放一笔补贴，发放标准参考渔船功率而定。

（二）"油补"发挥作用的基础是"双控"

农业部从"八五"时期就开始对全国海洋捕捞渔船船数和功率实行总量控制（以下称"双控"）。渔船必须"船舶检验合格证、捕捞许可证、船网指标审批证"三证齐全，才可以领到油补。

由于指标总量控制，渔民要造新船，就必须拆旧船，或者购买别人的指标（下口村村民称其为"手续"）。"双控"政策保证了捕捞能力不再增加，这也是油补政策不会刺激过度捕捞的有力保障。

有了"双控"政策，油补政策才会发挥出影响渔业发展的各种效果。

二、燃油补贴影响渔业的十大机制及其效果

在"油补+双控"这个框架内，我们调研了从渔船购置、出海生产、鱼货销售等一系列环节，发现油补政策影响渔业发展至少存在十大机制，这些机制发挥的效果却是大小不一的。我们将列举十大机制的作用原理，并根据下口村的调查资料将机制发挥的程度划分为强、中、弱三个等级。

（一）机制一：资产转化机制。燃油补贴的资本化使"手续"成为渔民的一项重要资产

油补政策使得渔船主有了一笔数额不菲的固定收入，这笔收入以"手续"为凭据发放，因此，"手续"就成为一项可以获得收入的资产，"手续"资本化了。

近年来，随着油补数额的增加，"手续"资产的价格也随之攀升。目前市场价已达到 7000 元/千瓦左右，下口村多数渔船功率在 200 千瓦左右，"手续"的市场价达到 140 万元左右。而一艘功率 200 千瓦的新造船船价（含机器）也就在 140 万元上下。也就是说"手续"价值已经占到渔船主资产的 50% 左右，考虑到手续价值逐年在上涨，而渔船价值在逐年折旧，手续资产对渔船主来说已经成为主要的资产了。

手续的资产价值并不影响捕捞行为的成本和收益结构，因此，也就不会直接影响渔民的出海捕捞决策。这是一个很重要的理论推

断，也被我们这次下口村的调查所证实。根据调查，渔船一次出海作业的周期约为 1 个月，需要筹集网具、人工工资、燃油等开支20 万~30 万元，由于我国的油补并没有与燃油实际使用量挂钩，无论是不是有油补，都不影响单次出海的成本和预期收入，只要预期收入超过了出海而支出的这些边际增加成本，出海就是一个最优的选择。这里的关键在于油补不改变边际上的成本收益结构，因此不会改变渔民的出海决策。调查中我们发现"有证船"和"无证船"在具体运营上没有任何差异，就是一个明确的证据。

上述分析的含义至关重要，因为目前普遍存在一种看法：油补应该与实际用油量挂钩，一些船领到很多油补，但是又不出海，这是不对的，所以油补政策不合理。这种观点是错误的，理由如下：

首先，这种观点狭隘地理解了油补政策的目的，认为油补就应该补在实际用油量上，补在其他地方就不对。油补政策的根本目的在于帮助渔民改善生活，促使渔业向正确的、可持续的方向发展，如果真的根据实际用油量来补贴，就相当于降低了每次出海的边际成本，直接刺激渔船的过度捕捞，最终有损于渔业发展和渔民生活。现有的政策与实际用油量脱钩，既补贴了渔民生活，又避免了对过度捕捞的直接刺激，是非常高明的政策。

其次，这种观点误认为渔船少出海，多领油补是不好的现象，其实这是好事。我国近海渔业资源严重枯竭是众所周知的事情了，在这次调研中，下口村渔民也不断感叹"海里没货"。渔船少出海，绝对是件好事，我们不应该批评，更应该鼓励。

担忧部分人靠油补"暴富"也是没有根据的，据我们在下口村的调研，坐等油补并不是一件可以"致富"的业务。以下口村最常见的 200 千瓦渔船为例，造船及配置机器设备约 130 万元，购买"手续" 140 万元，要拿到油补，仅这两项主要开支就需投入共

270 万元左右的资金，再加上其他相关支出，如果只靠油补，年收益也就 10% 左右，比当地的民间借贷利率低很多。而且油补能持续拿几年，谁也说不准。因此，仅靠领油补并不是一件可靠的致富之道。据调查，下口村渔船选择只出海 2~3 个月的情况很少，并且这一部分选择也正是我们要鼓励的方向（参见机制十的分析）。

总之，我们的调查发现，油补改变了渔民总收入，但不改变出海的边际成本，不改变捕捞的成本结构。因此，实际上，油补是增加了一项与捕捞行为无关的收入，只不过是与渔船绑定在一起而已。这部分收入可以在领取凭证上资本化，形成一项"手续"资产。

这个分析和之前普遍的观点很不一样，因此我们花了较长的篇幅加以解释，理解了机制一，后面的分析就相对简单了。

现在来看油补转化为资产的机制发挥了多大的效果。这个可以通过简化的计算得出。

还是以 200 千瓦渔船为例，140 万元的"手续"价格实际上是由两个部分构成的：一部分是捕捞权的价格，另一部分是油补领取权的价格。"双控"政策本身就给手续赋予了一个产权价值，这个"手续"又能领取油补，可以资本化。因此，"手续"的价格 = 捕捞权价格 + 油补收益权价格。

我们调研中有一例是 2006 年购买的"手续"，花了 36 万元，当时已经实行"双控"政策，但是油补政策的效果还不显著。我们大体可以判断，油补领取权的价格大约在 100 万元。

功率 200 千瓦的渔船，按照当前的标准，可以领到 30 万元左右的油补，按年利率 10% 计算，"手续"资产的正常市场价应该在 300 万元左右。

一个正常价值 300 万元的资产，市场价仅在 100 万元左右，这说明资产转化效应还没有充分发挥出来，但是这个资产化效应已经对渔业发展产生了非常广泛的影响，综合考虑，我们可以界定此机制发挥效果的程度为中等。

（二）机制二：融资工具机制。手续成为资产后，成为一项重要的融资工具，可以抵押借贷

渔业村一直存在融资难的问题，下口村的调查中发现，由于"渔船＋手续"价值在300万元左右，而下口村的渔船都是一户独有，没有几户人家合股的现象，因此，渔船主需要筹集的资金数额很大。购置渔船后，每次出海作业周期为1个月左右，出海资金也在20万～30万元。因此，渔船主的资金压力很大，每一户渔船主都有大量的借贷行为。

据调查，下口村渔船主的借贷渠道主要有以下几个渠道：一是信用社等正式的金融机构借贷，大多数是抵押借贷；二是亲友私人借贷；三是民间各种理财公司的个人理财业务，实际是民间中介机构的借贷；四是向收购鱼货的"鱼老板"借贷。

在"手续"成为渔民的一项重要资产后，也具备了融资功能，可以进行抵押借贷，调查表明，所有渔船主都使用了"手续"抵押的借贷，数额通常在30万元左右。这是渔民借贷中利率较低的部分，个人借贷和理财机构借贷利率较高，"鱼老板"借贷利率最高。

"手续"资产的出现为渔民增加了一个重要的融资工具。融资能力的扩大，使渔民在生产和生活中有了更大的选择空间。

尽管根据我们的分析，如果"手续"的市场价值能够实现300万元的理论价值，将能够提供更大数额的抵押借款，但是因为每一户渔船主都使用了"手续"抵押借贷，并且绝大多数都使用了借贷上限 30 万元，我们认为这个机制发挥作用的程度为强。

（三）机制三：规范管理机制。油补发放与管理挂钩，为管理部门提供了一个很好的激励工具

在没有油补政策时，相关机构对渔船的管理存在比较大的难度，管理措施对渔民来说，只有成本，没有收益，缺乏配合管理的激励。

现在很多地方把油补发放的多少与管理措施挂钩，渔民如果违规，将被扣除一定比例的油补，尽管各地的具体实施办法和标准不太一样，但都起到了很好的作用。

例如，休渔期管理，渔船违反规定出海的现象得到了有力遏制。相关的行政事务管理也能得到渔民的积极配合。

据海洋渔业局的介绍，这个效果是非常明显的。可以界定为强。

（四）机制四：安全生产机制。油补刺激渔船小改大，客观上使出海作业更加安全

前面我们分析过，"油补"实质上是"船补"，油补不会改变出海作业的边际成本和收益结构，但是油补是和渔船功率绑定的，所以油补会改变"渔船"持有的成本收益结构，也就是说，持有还是放弃渔船的决策，是受到油补影响的。持有小功率渔船还是大功率渔船的决策是受到油补影响的。

首先考虑小船改大船的决策，在没有油补的情况下，"小改大"要付出更多的建造成本，以及其后增加的人工、网具等成本，可以得到的是大船可能带来更大的收益，船东要在新增成本和新增收益之间加以权衡。如果加上油补，除了大船可能新增的捕捞收益之外，同时还增加了油补收益，这个油补收益的增加就刺激了小船改大船的行为。是否要新造船的决策也是类似地受油补影响。

这里要再次强调一下"双控"政策的作用，如果没有"双控"政策，油补政策无疑会通过激励渔民拥有更多、更大的渔船，间接导致捕捞强度的增大。因为"双控"，"小改大"行为是可行的，新增渔船就不可行了。这也得到我们调查的印证。

小船改大船的行为客观上淘汰了旧船、小船，出海作业更加安全。实际调查表明，近几年新造船全部都是小改大，说明这个机制的效果很强。

（五）机制五：自我保险机制。油补为渔民提供了一种新的保护，增强了渔民的自我保险功能

渔民最重要的资产就是渔船，此外就是住房，在资产种类单一的条件下，不断积累这个资产可以起到自我保险的作用，所以渔民的自我保险行为一是造大船，二是造大房子。

油补资本化为"手续"资产，为渔民提供了一种新的金融资产，这种资产的价值至少与渔船的价值相当。而且还有一个优势：手续价值在逐年增加，而渔船在逐年折旧。

据调查，2010 年新造船和 2014 年新造船价格几乎没有变动，这说明渔船折旧加快。几年过去，手续增值，而渔船贬值了。

在我们的入户调查中，有一户在 2013 年年底出售了渔船，这个出售行为因为"手续"价值的保值增值，减少了很多损失，保护了渔船主。

一般来说，资产多样化本身就是一个保险，手续资产的出现使渔民有更多性质不同的资产选择，增强了多样化组合资产的保险功能。

在渔业经营不善的情况下，渔船主选择退出，这时候渔船贬值，稳定的"手续"资产是一种很好的保护。

因为所有渔船主都同时具有"手续"资产，这种自我保险功能发挥得很充分，如果手续资产能够实现合理的理论价值，这个功能会更强，目前的效果可以界定为中等。

（六）机制六：缓解波动机制。油补提供的收入缓解了渔民捕捞收入不确定性带来的损害

据我们调查，捕捞业是个具有一定投机性的行业，同海同船不同产是很常见的现象。在访谈过程中，渔民常说大部分时候都会亏损，2014 年上半年就几乎没有哪条船是盈利的。但是一旦捕捞收成好，少数几次的收益就足以弥补之前的亏损并获得很大利益。在不少渔民看来，捕捞业带有一定的"赌"的性质。一些渔民也是带着"赌一把"就能彻底翻身的心态进入这一行业的。

这个行业收入的不确定性比较高，因此，收成不好的时候是经常遇见的，这种时候渔船主的日子就不好过了，因为借贷数额较大，每月的利息比较多，一旦收成不好，就会造成较大的资金压力。

油补提供的收入极大缓解了渔民的这种困境，使渔船主更容易应付收成不好的困难时期。即便是捕捞收成的波动性变得更小，收益更稳定，也能给渔民带来利益。何况油补还是新增的一部分收入，改善效应就更好了。

（七）机制七：金融扩散机制。油补资本化后的"手续"资产是金融资产，使渔业变得金融化了

手续资产的价值变化规律完全是金融资产的变动规律，与渔业

生产几乎无关。但是通过"双控"政策，这项金融资产完全与渔船绑定，即"渔船＋手续"，因此，渔船的运营已经成为"渔船资产＋（手续）金融资产"的模式，并且"手续"这项金融资产已经占到渔船主总资产的一半左右，也就是说，渔业的运转已经在很高的程度上金融化了。

"渔船＋手续"双重资产的运营模式增大了渔船主的资产，也大大增加了渔船主的资金需求，渔民参与了更多的金融活动，调查中发现，几乎没有人会把闲钱放在银行做储蓄，几乎没有船主没有借贷。金融市场非常繁荣，民间借贷利率普遍在40%～50%。

可以毫不夸张地说，整个渔业已经"金融化"了。渔民实际上处于"渔业＋金融业"的混合业态中。

当渔民的纯渔业业务亏损时，金融业务盈利会带来一重保障，改善渔民的状况。当渔民的纯渔业业务盈利时，金融业务盈利是一个新的补充。

金融资产、金融市场已经成为影响渔业的重要因素，金融扩散机制效果是很强的，传统的渔业管理也要适应新的特征才行。

（八）机制八：集聚增强机制。渔业经营的分散化出现变化，出现集聚发展的迹象

根据下口村村委的介绍，曾经有过一段时间，下口村也是几家合股买一条船运营的，现在已经没有几家合股的情况了，都是一家独立新造船，也有一家同时拥有几条船的情况。调查中我们发现一家拥有多条船的情况大概占到5%左右。

整体来说，下口村的捕捞业是分散化经营的，也没有渔船运营的合作社等组织化形式出现。油补造成"手续"价格高昂，实质上增加了加入这一行业的门槛，使进入门槛增大了约一倍。"小改大"的激励也进一步增加了此行业的门槛，经营好的船主将更有能力扩大产能，收购更多的船指标。高昂的"手续"价格客观上也起到了把实力较弱的渔民阻挡在外的作用，这也是对实力较弱的渔民的一种保护。

油补的这种促使资源向实力较强的人手上集中的作用，可以称为集聚增强机制。但是这个效应发挥得还不是很充分。目前下口村渔业主要是单干，没有组织化，没有联合，拥有多条船的实力很强的船主还不够多，对这一部分实力雄厚的船主，要给予帮助和引导，促使他们改变渔业发展模式，起到骨干作用。从调查资料看，这一效应还不够明显。

（九）机制九：资源优化机制。油补增加了渔民收入和决策的影响因素，拓展了更大的资源配置空间

油补增加了渔民的总收入，但是并不降低每一次出海的边际成本，因此，油补并没有鼓励渔船增加出海次数或时间的经济效果。

对渔船主来说，可以综合考虑可变的捕捞收入和不变的油补收入，以取得最大化的效用。

由于油补收入是不变的，渔船主可以调整的是出海时间和捕捞强度（渔网使用量），也就是说，减少全年的出海时间，可能是有效率的选择。这就减轻了渔业资源枯竭的压力。

调查中，我们也发现确实有极少部分船主选择开渔后出海 2～3 个月，其他时间并不出海。部分渔民对此也有怨言，认为不应该这样。但是我们认为把出海时间短的行为解释为钻政策空子骗油补，是不恰当的。应该理解为渔民根据实际情况优化资源配置的最大化选择行为。也就是说，渔船主认为出海 2～3 个月，然后把资源使用在其他事情上更有价值，这种减少出海捕捞的选择正是我们

当前需要鼓励的。

根据调查，这种减少出海时间，重新配置资源的情况还比较少见，从理论上说，减少出海时间的行为与渔民出海的机会成本有关，即渔民的非捕捞收入很重要。访谈过程中的跟进问题，也确认了这一点，非渔业收入较高的家庭更容易减少捕捞时间。

总体说来，捕捞与非捕捞之间的资源配置效应还不是很明显，但是可以看到已经出现这方面的迹象了。

（十）机制十：补贴溢出机制。油补已经渗透到渔民生产和生活的各个方面

油补造成的影响已经渗透到渔民生活的各个方面，这一点渔民自己有深刻的体会，因此，在调查过程中，渔民反复强调没有油补，这个行业将面临严重的打击。

从理论上仔细梳理，除了前面提过的九个机制，油补造成的影响其实更加广泛。

油补带来收入提高，从而消费、投资等增加；

油补资本化增加了资产，资产的财富效应会改变渔民的消费和生产行为；

油补资本化增加了资产种类，使渔民扩展了资产配置的空间，也促使渔民将眼界扩展到金融业。

第三节　隐性金融合约

在调查中我们发现，渔船主通常会存在资金缺乏的状况，而正规的金融渠道贷款数额有限，他们会通过民间借贷的形式筹集资

金，其中一个渠道就是向收购自己鱼货的收购方（渔民称他们为鱼老板）借款。这项借款是无息借款，不需要收取利息，鱼老板会在收购鱼货时压低价格，通过这种方式获取回报。

这种方式有两个特别之处：一是鱼老板压价是不是太多；二是为什么渔船主在自己有钱的情况下还要在出海前去借钱，难道他不愿意早点摆脱被剥削的地位吗？

一些熟悉捕捞业的人给出了这样的猜测：（1）渔民自己不可能去卖鱼货，只能任由鱼老板压价，双方地位不对等造成了这种情况，而且部分鱼老板在当地是很有势力的，渔民不敢得罪他们，鱼老板确实剥削了渔民；（2）渔民之所以在自己有钱的情况下还要在出海前借钱，是因为出海作业风险大，能多借点钱在手中，总是好的。鱼老板也乐于借，因为可以更好地控制渔民。这样的解释近于直觉，似乎有道理，但是不能令人满意。

一、渔业生产基本情况

（一）捕捞渔船的生产特征

赣榆县下口村的渔船都是流刺网渔船，功率一般在 100~300 千瓦，绝大多数渔船功率在 200 千瓦左右。每年的出海作业时间是 8 月至次年 1 月，5 月至 6 月，总共约 7 个月的出海作业时间，作业区域数十年固定在江苏省南通市附近的吕四渔场。

渔船每次出海时间大多在 30 天左右，偶尔会长达 60 天，如果遇到台风等情况，就得立即返回。一艘 200 千瓦的渔船上，一般会有 10~13 名船员。渔船捕获后，会有"收鲜船"前往收购鱼货，不需要捕捞船靠岸销售。因此，捕捞船可以在渔场持续作业。

但是，捕获的成果却是极不确定的，有句俗语叫"同海同船不同产"，就是说在一个海域，一样的船，捕捞的成果可以有极大的差异。除了8月和9月这两个月的旺季，没有人能够肯定自己一定会有令人满意的收获。以我们调查的2014年上半年为例，50余艘船没有一艘在上半年是赚钱的，都指望下半年的收成来翻身。

（二）渔船主的金融需求

渔民的资金需求有两大块，一块是购船或新造船的时候，下口村最普遍的200千瓦渔船，建造成本在120万元左右，如果不是拆旧建新，要购买"手续"（当地人称捕捞证等所有合法证件为手续），目前的市场价是每千瓦7000元，200千瓦就是140万元。因此，一个新进入这个行业的渔民将筹集260万元的资金，才可以跨入这个门槛。

第二块资金需求来自出海作业，出海作业的资金主要是三个部分：工资、网具和柴油。一艘船上一般有10~13名船员，除了船老大之外，都是雇的，要支付工资，工资通常一月一付，要预支，也就是说，要先把一个月的工钱支付了，员工才肯上船。8月和9月是用工旺季，几乎所有船只都会出海，员工工资高的可以达到一月1.5万元，一般也在1.2万元左右，不是旺季时，月工资在6000~7000元。出海一次大多数是一个月，以8月为例，出海时工资预付就需要15万元左右；捕捞用的网具，大多数船只使用量在300张上下，价格是每张网200元，网具费用约6万元；油费通常在10万元上下，约占出海费用的50%。所以出海一次需准备25万元左右的资金（网具和柴油可以中途再增加，不一定要一次备齐）。调查显示，许多渔船主出海前都是需要通过借贷来解决这笔资金。

下口村每户渔船主都是有大笔借贷的，借贷的渠道主要有这么几个：信用社等正规金融机构借贷，通常最高额度是 30 万元，多数船主是借到这个最高额度。第二个渠道是个人理财机构，实际上就是民间借贷，利息率一般是月息 3 分 5，相当于年利率 42% 左右。高的有 5 分的，低的也有 2 分的。第三个渠道是自己的亲友，这是少数，因为有余钱的都把钱放在理财机构取利了。第四个渠道就是找收购鱼货的鱼老板借贷了，这个借贷不需要利息，但是鱼货必须卖给他，出售时，价格要比不借贷的情况低 20% 左右，这是最普遍的价格差，也有少数压价厉害到 40% 的。

这就是渔船主的金融需求状况了。

（三）渔船主与鱼老板的金融—商品关系

渔船主与鱼老板的关系是我们特别关注的。有以下几个重点：

首先，我们调查发现，鱼老板数量不少，渔船主可以选择把鱼货卖给不同的鱼老板，调查的几十户渔民中没有一户提到存在必须销售给他的"渔霸"行为。渔民通常有自己的社交圈子，会扎堆出海并一起捕捞作业，因此也会一起销货给某个相对固定的鱼老板，但绝不是不能更换。

但是，如果渔民在某个鱼老板那里借贷了，在借贷关系存续期间就不能更换了，而且鱼货收购价要降低约 20%。还清贷款后，渔民也不一定会更换鱼老板，只不过鱼老板就不再压价了。我们调查的几乎每个渔民都认为鱼老板压价的幅度是比理财机构借贷还厉害的隐性高利贷，因此，能够还清的都尽早还款。

我们了解的情况是，约 1/3 到 1/2 的渔船主在鱼老板那里有过借贷，这个比例是很高的，也证明到鱼老板那里借贷是很普遍的行为。不过，并不是每个鱼老板都是实力强劲的，可以放贷的鱼老板也只是一部分。

一些渔民在购置渔船和手续时会到鱼老板这里借钱，通常在15万~20万元，然后每次出海可以再向鱼老板借钱，通常不到10万元。据业内人士介绍，一些渔民即使自己手中有余钱，也会向鱼老板借贷。

二、鱼老板的压价行为

根据调查，我们发现，鱼老板与渔船主之间这个借贷关系是很特别的综合性金融契约。从表面上看，渔民都称其为无息借款，因为无须以货币的形式支付利息。但是有压价的行为存在，可以看作是鱼老板以鱼货的形式收取了实物利息。

从形式上看，鱼老板用鱼货代替了货币利息，这是一项"实物利息"的借贷行为。

那么这个压价的行为到底是多高的利息率呢？

我们根据调查数据，做一个大概的估算，不一定准确，但是可以做个大略的参考。一艘渔船一年的毛收入约130万元，鱼老板每次收购时压价20%，那就是26万元，渔民向鱼老板借款额在20万元左右，年利率大约是130%，换算成月利率，大约是月息10分8厘（民间理财机构的月息是3分5厘）。利率确实高得惊人。这与渔民的直观感受是一致的：这就是隐性高利贷。

三、鱼老板压价与渔民扩大借贷行为的经济解释

在渔民借贷和鱼老板压价收购的这个现象中，有两个问题需要解释：

第一个问题是，渔民急切地想要摆脱这种借贷关系，为什么在出海时即便自己有余钱，也还要去增加借款额呢？

第二个问题是，为什么鱼老板可以用超出理财机构这么高的实际利率放贷？换句话说，为什么渔民不用利率较低的理财机构借贷来代替鱼老板的高利率贷款？

（一）渔民尽快还清贷款与扩大贷款额的矛盾行为的解释

渔民一方面希望尽快归还贷款，另一方面又在有余钱的情况下去增加贷款的行为，初看起来，这是矛盾的，这怎么可能呢？

说是出海风险大，要多拿些钱在手上比较可靠，这个解释我是不认同的。根据我们的调查，下口村的渔船作业区域数十年固定在吕四渔场，渔民非常熟悉这片海域，而且现在每一艘渔船都装有卫星定位系统，渔政管理部门随时可以掌握渔船的位置。事实上，现在很少发生严重的恶性事故了，渔民出海作业的风险并不大。

我的解释是这样的：渔民一定是希望早一点归还鱼老板的贷款的，早一点还清，早一点不被压价。如果渔民在 1 年后可以有还清贷款的能力，那么在这一年内，鱼货被压价 20% 的命运不能改变。

如果渔民在有余钱时，选择还款一部分，渔民是更加吃亏的，因为鱼货被压价 20%，贷款额变少，那是意味着实际利率变得更高了。

同样的道理，如果渔民选择出海时扩大贷款额，鱼货被压价 20% 不变，相当于贷款的利息是变低了。这里增加贷款额，其他地方就可以少借款，一进一出，获利更多。

以前面的数据例子看，贷款 20 万元，年利率为 130%，如果在每次出海作业时可以再借得 10 万元，年利率大约可以下降到100% 左右。

因此，只要渔民的实力还不具备完全还清贷款时，尽力扩大贷款是有利的，因为鱼货压价20%是不可改变的约束了。用张五常教授的苹果例子来说，正好反过来，相当于"糖分"（利息）固定，渔民要尽力扩大"苹果"（贷款额），可以有"稀释"（利率下降）的效果。

这里附带着可以解释为什么鱼老板把渔民造船时的贷款额限制在20万元左右，出海时的贷款额限制在10万元左右，因为他知道渔民扩大借贷的效果，要保证自己的收益，必须限制贷款额。

（二）鱼老板为什么可以用超出理财机构这么高的实际利率放贷

即使在渔民尽力扩大贷款额之后，鱼老板的实物利息借贷仍然可以取得100%左右的高利率，超出当地理财机构常见的年利率42%一倍多。为什么渔民不选择多借理财机构的钱呢？或者说，鱼老板有什么条件可以使他收取这么高的实物利率呢？

我认为鱼老板压价20%收购鱼货时，这个20%的价不仅仅是借贷的"价"，其中包含着其他好几项未能明确衡量的"质"。鱼老板收取的20%也是多种服务的合并，应该有多条需求曲线。

我们来看，鱼老板压低的20%鱼价包括哪些服务和产品：

1. 借贷的利息

毫无疑问，借贷的利息肯定包括在其中，并且是很重要的一部分。20%鱼价相当于100%的收益率，参考理财机构42%的年利率，其中有58%的份额是属于其他"服务"价格了。

2. 解决渔民的流动性约束

渔民靠捕捞为生，卖掉鱼货之前没有货币收入，鱼老板是渔船主的收货商，可以收取鱼货代替货币利息。解决了渔民的流动性约束难题，因此相当于额外提供了服务，会收取一定的服务费，这也体现在鱼货的价格差异上。

3. 提供自动延期还款的个性化服务

如果没有捕捞到足够的鱼货，不会催款，可以自动延迟还款期限。鱼老板的特殊地位使他可以随时掌握渔船主的生产信息，要求借款方不能把鱼货卖给其他鱼老板，也是便于了解渔民还款能力的措施，监督借贷合约的执行。其他的金融机构和理财机构就没有这个条件了，它们会按照时间期限催款，而不是渔民的生产状况。鱼老板更加符合渔民需要的"个性化"服务也要收取费用，这个费用也在20%的价差中包含着。

4. 提供鱼老板进入金融业"兼职"的激励

鱼老板主业是鱼货经纪，利润可以在买卖的差价中得到保障（市场不好时，可以压低收购价），因此，放贷属于"兼职"，在主业收入较高的条件下，只有更高的利率才可以吸引他们加入金融业。在资金紧缺的条件下，渔民支付比理财机构更高的利率吸引鱼老板进入借贷市场，而鱼老板的地位正好可以用比较隐蔽的方式提供这种高利率。

类似的例子是亚当·斯密在《国富论》中提到的劳动力的兼职工资，如果一个人因为主业收入不够，选择在业余去兼职，目的是补充收入，或者他因为兴趣所在去兼职，他对兼职工作的工资要求就不会很高，兼职的存在会压低兼职所在行业的工资水平。

鱼老板进入借贷行业不同，他的主业收入可观，要吸引他去兼职，兼职收入就必须更高。

5. 鱼老板为渔船提供社会服务

有一些渔船主除了在鱼老板那里贷款之外，甚至渔船的船主姓名也写成鱼老板，俗称"挂靠"。这些挂靠的船只，一切社会管理、行政事务都由鱼老板处理，出了任何问题都找鱼老板解决，渔民自己是不用操心的。那些贷了款，但没有挂靠的渔船，一旦有解决不了的事情，也会请鱼老板出面。这也是业内人士判定"渔霸"现象的重要依据。

从经济学的逻辑来讲，鱼老板提供了行政与社会管理服务，是要收取费用的，这些费用自然也应该计入压价的20%中。

6. 鱼货不稳定性的补偿

金融机构和民间理财机构的借贷合约，是把利率固定好了，不管渔民生产状况如何。而鱼老板的收益是与渔船的捕捞收获挂钩的，渔获量大，得到的多，渔获量少，得到的少，收益不稳定。这个不稳定不仅仅是贷款收益的不稳定，同时也包括可提供所有其他服务的收益都是不稳定的。

因此，鱼货收购的20%价差中也包含有收益不稳定的补偿。

调查中我们得知，鱼老板一般会有20～40条船的固定客户，这也有分散风险的作用。

7. 鱼货销售服务与贷款的捆绑购买

这里是一个隐藏"借贷价格"的捆绑购买行为——渔民同时购买鱼货销售服务和贷款。

鱼老板的借贷不收取货币利息，以鱼货差价的形式收取，实际上相当于实物利息。把高利率与鱼货收购等其他服务捆绑在一起，使外人不容易判断纯粹借贷的利率有多高，这样可以规避政府对高利贷行为的打击，也避免外部人注意到这里的高利率现象，一个不熟悉近海捕捞渔业的人是不太容易关注并估算出这里存在着高利率借贷行为的。

捆绑购买本身不是收取高利率的原因，但是捆绑行为可以使高利率收取行为得以实现。

总结以上分析，鱼老板收购鱼货时压价 20%，其实包含好几项服务：贷款利息、解决渔民流动性约束、自动延期的个性化服务、鱼老板兼职金融业的激励、社会服务、收益不稳定性的补偿等，这几项功能可以和鱼货销售服务捆绑起来，这种隐蔽性也提供了鱼老板收取高利率的有利条件。

四、结论

本书提供了近海捕捞业中渔船主与鱼老板（鱼货收购商）之间的一个隐性贷款合约案例，渔民可以多次在鱼老板那里借贷，可多次借贷，归还后再借，借贷余额 20 万 ~ 30 万元（循环借贷总额可能远远超过此数）。借贷关系存续期间，渔船捕捞产品只能专卖给提供贷款的鱼老板，鱼老板不收取货币利息，但会在鱼货收购时压价 20% 左右。

通过入户访谈并分析了渔民和鱼老板在借贷行为中的具体约束条件，笔者解释了渔民希望尽快还清贷款和尽量扩大贷款额行为的表面冲突，这是渔民在还款能力约束下追求贷款利率最小化的合理行为，并不是业内人士通常认为的出海风险太大的缘故。

通过大体估算，鱼老板压价 20% 的行为，如果仅从利息的角度看，是非常高的，但是，笔者认为 20% 的"价"代表了多个"质"的衡量：贷款利息、解决渔民流动性约束、自动延期的个性化服务、鱼老板兼职金融业的激励、社会服务和收益不稳定性的补偿。这些不同的"质"没有分开衡量并分别定价，而是合并到鱼老板的鱼货收购服务中一起"捆绑销售"给了渔船主。这种捆绑销售可以隐藏高利率，使外人无法估计鱼老板的贷款收益。

与金融机构和民间理财机构相比，一旦签订合约，收取的利率是固定了。但是鱼老板的收益与渔民捕捞收益挂钩，不稳定性很高。

不能否认鱼老板收取了较高的贷款利率，不过，在考虑了鱼老板提供的多种额外服务之后，还有多少份额属于"剥削"是很值得怀疑的。

上述分析意味着，如果那几项捆绑在一起收费的服务功能成本下降，鱼老板的压价幅度应该会降低。例如，如果政府能够降低渔民的行政和社会管理成本、改善渔民收益的不稳定性等，都可以观察到鱼老板压价幅度降低。

这个合约中包含一个隐性的金融创新行为，按照我国的制度，收购鱼货的收购商是不能从事金融业务的，我们看到的合约相当于预先支付货款购买鱼货的收购合同，实际上这是一个以鱼货为标的物的金融合约，既有贷款的性质，也有期权的性质，因为渔民是有选择权的。

译名对照表

Hayek	哈耶克	Shau	肖
Mckinnon	麦金农	Stiglitz	斯蒂格利茨

附录

渔村访谈问卷—渔船

一、访谈对象基本情况

1. 姓名：_____ 2. 性别：_____ 3. 年龄：_____

4. 船上职责（身份）：_____

5. 家庭人员情况（人数、性别、学历、职业）：_____

二、渔船购置

6. 渔船功率：_____千瓦 作业方式：_____

7. 渔船购买年份：_____

8. 渔船购置渠道：

a. 二手船 b. 新造船

c. 是否小改大_____

9. 购船资金数量及筹措渠道：

造船价总金额_____万元

筹措渠道 银行借贷（抵押）_____万元

期限_____ 利率_____

信用社借贷（担保） 借贷_____万元

期限_____ 利率_____

自有资金_____ 民间理财_____万元

期限_____ 利率_____

其他来源_____万元 期限_____

利率_____

10. 您这条渔船的股东人数_____及相互关系（亲戚　朋友_____）。

11. 您有几条船？_____

12. 您要向政府缴纳哪些费用？_____

13. 您购买了哪些保险？花费多少？

三、生产

14. 出海后，通常多长时间才回家？时间长的_____天，时间短的_____天。

15. 出海生产成本主要构成（按月计或按出海一次计）

工资：船上总人数_____，雇工人均工资_____，总金额_____。

网具：　　　　　油费：　　　　　其他：

16. 对于生产成果来说，您认为技术和运气的重要程度各占多少百分比？_____

17. 不算油补，您经历的最好的一年收成如何？_____最差的一年_____，一般情况_____。

18. 您是否有固定的作业区域？_____

19. 请简单描述一下您出海捕捞作业的全过程。

20. 有多人看中一个捕捞地点时，如何决定谁退出？

21. 在生产过程中，您觉得自己遇到的最大的困难是什么？

四、销售

22. 您捕捞到鱼后，销售的具体过程是怎样的？

23. 通常怎么定价？_____

24. 货款支付形式是怎样的？_____

25. 您知道有几种销售方式？_____

五、补贴与竞争

26. 您上年拿到多少油补？_____

27. 油价补贴是否会改变您的出海作业决策？_____

28. 您知道的无证船共有_____条，无证渔船的经营方式和有证渔船有什么差别？

29. 不计油补，您认为每年盈利、持平和亏损的船主各占多少比例？盈_____、平_____、亏_____，加上油补呢？ 盈_____、平_____、亏_____

30. 您认为政府在哪些方面做些工作可以帮助您改善生产和生活？

附表1　　　　　　三亚某渔村的钢质渔船（2014 年）

序号	船长（米）	船宽（米）	吨位（吨）	功率（千瓦）	作业类型	船体材料	完工日期
1	28.39	5.8	134	428	灯围	钢质	2004.07.07
2	28.39	5.8	134	428	灯围	钢质	2005.03
3	28.39	5.8	134	428	灯围	钢质	2004.07.06
4	28.39	5.8	134	428	灯围	钢质	2004.07.06
5	28.39	5.8	134	428	灯围	钢质	2004.07.07
6	28.39	5.8	134	428	灯围	钢质	2004.12.20
7	28.39	5.8	134	428	灯围	钢质	2004.07.10
8	28.39	5.8	134	428	灯围	钢质	2004.08.02
9	28.39	5.8	135	408	灯围	钢质	2004.12.24
10	28.39	5.8	140	408	灯围	钢质	2004.07.07
11	28.39	5.8	134	428	灯围	钢质	2004.08
12	28.39	5.8	134	428	灯围	钢质	2005.04.07
13	28.39	5.8	134	428	灯围	钢质	2005.08
14	28.39	5.8	134	428	灯围	钢质	2005.04.07

续表

序号	船长（米）	船宽（米）	吨位（吨）	功率（千瓦）	作业类型	船体材料	完工日期
15	28.61	5.8	142	428	灯围	钢质	2007.01.15
16	28.61	5.8	135	428	灯围	钢质	2007.01.15
17	28.61	5.8	135	428	灯围	钢质	2007.01.15
18	31.55	6.8	185	305	灯围	钢质	2007.04.02
19	29.57	6.20	154	271	灯围	钢质	2007.12.18
20	31.65	6.30	162	312	灯围	钢质	2006.02
21	40.50	6.50	232	396	灯围	钢质	2012.11.15

附表2　　　　　　三亚某渔村的木质渔船（2014年）

序号	船长（米）	船宽（米）	吨位（吨）	功率（千瓦）	作业类型	船体材料	完工日期
1	19.25	4.80	57	270	灯围	木质	1995.04
2	12.50	4.40	20	29.4	灯围	木质	1996.05.28
3	20.00	4.89	80	204	灯围	木质	2000.09
4	27.80	5.50	68	135	灯围	木质	2001.01.15
5	24.00	5.32	100	372	灯围	木质	2004.02.07
6	13.8	4.25	22	79	灯围	木质	2003.04.15
7	16.50	4.48	36	88.8	钓业	木质	1985.12.01

附表3　　　　　　三亚某渔村的玻璃钢渔船（2014年）

序号	船长（米）	船宽（米）	吨位（吨）	功率（千瓦）	作业类型	船体材料	完工日期
1	15.60	3.50	17	88.8	灯围	玻璃钢	2006.11.01
2	10.30	2.75	6	42	钓业	玻璃钢	2006.10.15
3	9.00	3.20	3	11	灯围	玻璃钢	1998.06.01
4	9.00	3.20	3	11	灯围	玻璃钢	1998.06.03

序号	船长（米）	船宽（米）	吨位（吨）	功率（千瓦）	作业类型	船体材料	完工日期
5	12.60	2.90	11	59	钓业	玻璃钢	2004.06.15
6	6.80	2.20	1.5	11	钓业	玻璃钢	2001.10.01
7	6.88	2.20	1.5	4.41	灯围	玻璃钢	2000.11.13
8	13.2	3.30	13	88	灯围	玻璃钢	2006.07.15
9	7.80	2.50	1.5	8.8	灯围	玻璃钢	2001.08.15
10	6.80	2.20	1	4.41	灯围	玻璃钢	2002.08.01
11	6.68	2.20	1	4.41	灯围	玻璃钢	2002.09
12	6.68	2.20	1	5.88	灯围	玻璃钢	2001.07.18
13	6.80	2.20	1	4.41	灯围	玻璃钢	2003.08.22
14	6.80	2.20	1	4.41	灯围	玻璃钢	2004.08.18
15	11.8	2.70	8	29.4	钓业	玻璃钢	1999.10.01
16	15.3	3.60	15	88	钓业	玻璃钢	2005.03.17
17	9.00	2.30	2	11	灯钓	玻璃钢	2001.09.09
18	9.50	2.50	4	19.8	灯钓	玻璃钢	2002.12
19	9.20	2.60	2	22.05	灯围	玻璃钢	2007.08.01
20	10.5	2.50	2	22.05	灯围	玻璃钢	2007.08.01
21	7.00	2.35	2	13.23	灯围	玻璃钢	2005.05.01
22	6.88	2.20	1.5	11.76	灯围	玻璃钢	2005.10.01
略	……	……					

参 考 文 献

[1] 何广文、李树生等. 农村金融学 ［M］. 中国金融出版社，2008，12.

[2] 王曙光等. 农村金融与新农村建设 ［M］. 华夏出版社，2006，8.

[3] 陈雪飞. 农村金融学 ［M］. 中国金融出版社，2007，7.

[4] 龚明华等. 我国农村金融需求与金融供给问题研究 ［M］. 经济科学出版社，2009，11.

[5] 张伟. 微型金融理论研究 ［M］. 中国金融出版社，2011，7.

[6] 宋玮. 商业银行管理 ［M］. 清华大学出版社，2012，1.

[7] 董晓林. 农村金融学 ［M］. 科学出版社，2012，1.

[8] 孙东升. 商业银行管理 ［M］. 对外经济贸易大学出版社，2008，2.

[9] 万复青. 渔业信贷是促进渔业发展的重要经济杠杆 ［J］. 中国水产，1999，12.

[10] 韩星. 农户信贷需求研究述评 ［J］. 理论导刊，2006，12.

[11] 王世表等. 中国渔业信贷问题探析与发展对策 ［J］. 中国海洋大学学报（社会科学版），2007，1.

166

[12] 联合国粮农组织.2014 年世界渔业和水产养殖状况 [R].2014.

[13] 边永民.渔业补贴与渔业资源保护:现状和未来 [J]. 法治研究,2011,8.

[14] 陈静娜等.WTO 渔业补贴谈判探析 [J]. 浙江海洋学院学报(人文科学版),2007,6.

[15] 李良才.国际渔业补贴问题研究 [J]. 渔业经济研究,2009,3.

[16] 邝奕轩等.公共财政支持渔业发展的国际经验 [J]. 世界农业,2011,2.

[17] 颜霞等.发达国家渔业补贴措施变革与我国渔业补贴改革路径 [J]. 经营与管理,2014,11.

[18] 慕永通,朱玉贵.渔业补贴研究进展及方向 [J]. 中国海洋大学学报(社会科学版),2005,4.

[19] 段志霞,毕建国.我国渔业补贴政策及其改革探索 [J]. 生态经济,2010,2.

[20] Lena Westlund. Guide for Identifying, Assessing and Reporting on Subsidies in the Fisheries Sector [R]. FAO Fisheries Technical Paper 438. Rome. 2004.

[21] Schrank, W. E. Introducing Fisheries Subsidies [M]. FAO Fisheries Technical, FAO Fisheries Technical Paper 437. Rome. 2003.

[22] WTO. Draft Consolidated Chair Texts of the AD and SCM Agreements. [R]. WTO 出版物 TN/RL/W/213, 2007.